최고의 브랜드는
어떻게 성장하는가

일러두기

1. 인명 및 사명은 원어를 병기하였다.
2. 엔화 환율은 간단히 100엔당 1000원으로 계산해 괄호 처리하였다.
3. 본문에 저작권 표기가 없는 사진은 Shutterstock을 통해 구입하였다.

SYMBOLIC STORY
STRATEGY

1등 기업에 숨겨진 끌리는 스토리의 법칙

최고의 브랜드는
어떻게 성장하는가

이와이 타쿠마 · 마키구치 쇼지 지음 ─ 이수형 옮김

다산
북스

감수자
서문

**와세다대학교 비즈니스 스쿨
우치다 카즈나리**內田和成 **교수**

왜 지금
'이야기'에 주목해야 하는가?

"네 이야기는 맞는 말이긴 한데, 뭔가 재미있진 않아."

이런 말 혹시 들어본 적 있나요? 브랜드 마케터나 홍보 담당자 또
는 광고 업계에 종사하는 사람이라면 정말 귀에 딱지가 앉을 정도로
많이 들어본 말일 것입니다. 동시에 가장 듣기 싫은 말 중 하나일 테
고요.

이 책의 저자인 이와이 타쿠마岩井琢磨와 마키구치 쇼지牧口松二 역
시 회사에서 이런 말을 적잖이 들었다고 합니다. 두 사람은 광고 회
사에서 일하고 있는데요. 그래서인지 늘 '재미있는 아이디어'에 병
적일 만큼 집착합니다. 사람들은 당연한 소리만 늘어놓는 브랜드의
광고에 절대로 관심을 보이지 않으니까요.

사실 저 역시도 이런 말을 한 적이 있습니다. 아니, 한 적이 있다고 합니다. 두 사람이 제가 소장으로 있는 마케팅 연구회에 소속되어 있을 당시, 제가 그들의 어떤 발언을 듣고는 "맞는 말이긴 한데 재미가 없잖아"라고 말한 적이 있다고 하더군요. 두 사람은 제가 그렇게 말했다고 주장하지만, 사실 저는 기억이 잘 나지 않습니다. 아마도 그랬다면 마케팅 경쟁 전략이나 비즈니스 모델에 관해 논의를 하고 있던 중이었을 것입니다.

기업이 치열한 시장 경쟁에서 살아남기 위해서는 마케팅 전략과 비즈니스 모델에 각별히 신경 써야 합니다. 단순히 1등 기업을 쫓아가는 식의 '재미없는 전략'으로는 금세 한계에 부딪치고 맙니다. 즉, 남들과 비슷한 고만고만한 전략으로는 절대로 미래의 문을 열 수 없습니다. 하지만 제품이나 브랜드를 알리는 데 있어 우리 기업만의 독보적인 전략 또는 재미있는 이야깃거리를 활용한다면 이야기는 달라집니다. 경쟁 상황에서 손쉽게 우위를 점할 수 있는 것이죠.

이 책은 기업을 브랜딩하고 제품을 알리는 데 있어 '맞는 말이긴 한데 재미는 없는 전략'에서 벗어나기 위한 다양한 마케팅 힌트를 제공합니다. 그리고 그동안 일반적인 마케팅 전략 도서에서는 중점적으로 다룬 적 없는 '재미'라는 요소에 집중했습니다. 저자 두 사람의 전문 분야인 브랜딩과 커뮤니케이션에 관해 자신들의 지식과 경험을 최대한 살려서, 기존의 마케팅 전략 도서에서는 소개한 적 없는 '사람을 매료시키는 재미'에 주목한 책입니다.

'재미'에는 여러 가지 종류가 있지만, 이 책에서 다루는 재미는 '기업의 이야기 속에 숨겨진 독특하고 고유한 재미'를 의미합니다. 이야기는 곧 그 기업만의 독보적인 마케팅 전략이나 비즈니스 모델로 이어져, 고객이나 직원들을 비롯한 다양한 이해관계자를 매료시키는 힘이 됩니다. 쉽게 예를 들어 설명하자면 많은 사람에게 사랑받는 아이돌 스타나 예술가들의 일화 같은 것입니다. 데뷔하기 전까지 숱한 실패를 겪었던 아이돌 스타의 후일담, 자신의 귀를 자를 만큼 그림에 미쳐 있었던 빈센트 반 고흐Vincent van Gogh의 에피소드처럼, 그들의 이야기는 전설이 되고 또 팬들에게 하나의 공감 요소로 아로새겨집니다.

도요타Toyota의 '카이젠Kaizen(도요타가 실시하는 경영·생산 개선 활동의 일환으로, 지속적으로 품질을 개선하기 위한 캠페인)'을 한번 떠올려볼까요? 도요타 생산 방식의 창시자라 불리는 오노 다이이치大野耐一 부사장이 카이젠을 만들게 된 배경, 그리고 도요타의 기업 현장 속에 깊숙이 침투해 있는 'Why 정신(Why를 다섯 번 반복하는 사고방식)', 인기 하이브리드 자동차 '프리우스Prius'의 탄생 후일담 등 이 기업만이 가진 독특하고 재미있는 이야기들이 '도요타 자동차의 마니아'를 만드는 데 크게 공헌했습니다.

이런 이야기는 그 기업의 경영 방식을 상징하는 대명사로 회자되고 있으며, 한편으로는 기업의 강점을 더욱 두드러지게 만드는 역할을 합니다. 무엇보다도 회사 외부로 알려져 마케팅 효과만 발휘하는 게 아니라, 회사 내부로도 퍼져 사내 관계자들 사이에도 공유가 되고 그들을 응집시키는 효과도 발휘합니다. 또 그 이야기가 하나의 판단 기준이 되어서 미래의 경영 전략을 수립하거나 구체적인 행동을 이끌어낼 수도 있습니다. 결국 전략으로써의 '이야기'는 무의식적으로 가볍게 전해지는 말이 아니라, 그 기업의 강점을 상징하고 경쟁력으로까지 이어지는 하나의 '경영 자원'으로 기능합니다.

그리고 이 책에서는 '한 기업의 강점을 상징하는 이야기'를 일컬어 '심볼릭 스토리Symbolic Story'라고 하였습니다. 기업의 외부와 내부, 즉 많은 이해관계자 사이에서 공유되고 계승됨으로써 비즈니스 모델 자체의 독자성과 경쟁력을 강화시켜주는 역할입니다.

여기서 이 책을 읽는 독자 중 몇 명은 '도요타 같은 대기업이야 그런 이야기가 있을지 몰라도, 규모가 작은 우리 회사에는 그런 이야기가 없다고!'라며 반박을 제기할지도 모르겠습니다. 물론 그 심정이야 충분히 이해하지만, 꼭 대기업에만 이야기가 있는 것은 아니라는 점을 강조하고 싶습니다. 작은 회사, 혹은 이제 막 창업한 벤처 회사라도 심볼릭 스토리를 충분히 찾아낼 수 있습니다.

바로 그 방법을 제시하는 게 이 책의 목적입니다. 저자들은 현장에서 보고 듣고 경험한 다양한 브랜딩 성공 사례와 함께 세계적인 기업들의 사례를 소개하면서 심볼릭 스토리가 가진 강력한 힘을 일깨워줍니다. 아울러 심볼릭 스토리를 전략적으로 활용하기 위한 마케팅 포인트도 상세히 적어놓았습니다.

단언컨대 심볼릭 스토리는 기업이 치열한 경쟁에서 벗어나 독보적인 우위를 차지하는 데에 결정적인 승부수가 될 것입니다. 기술의 발달이 보편화된 지금 이 시대에 많은 기업이 경쟁사와 결정적으로 다른, 특별한 강점을 가지지 못한 경우가 많습니다. 대부분 같은 마케팅 전략과 같은 제품으로 경쟁하곤 합니다. 또 경쟁사와 일정 부분 차이를 보여도, 절대적이라고 할 만큼 두드러진 강점을 찾기는 어렵습니다. 설령 미묘한 차별점을 발견했다고 하더라도 자신들이 오히려 그 차이를 지나치게 과대평가하며 '차별화에 성공했다'고 착각에 빠져 있는 경우가 많습니다.

그런 상황에서 '고객에게 선택받는 단 하나의 기업'을 만드는 심볼릭 스토리의 힘은 여전히 유효하고, 앞으로도 더욱더 강력해질 것입니다.

기업의 경영 전략과 맥락을 같이하는 심볼릭 스토리는 그 기업과 브랜드를 더욱 발전시키고 앞으로 나아가게 만듭니다. '무엇이 우리 기업의 강점인지', '누구에게 어떤 가치를 제공하는지'가 하나의 이야기로 전해지면, 핵심 고객에게 보다 효율적이고 인상적으로 마케팅할 수 있습니다.

여기에 더해 심볼릭 스토리는 사내에 혹은 거래처에 회사가 추구하는 비전이나 방향성을 더욱 효과적으로 전달할 수 있게 합니다. 말하자면 이야기가 일종의 '약속'이나 '신념' 같은 역할을 해 조직의 움직임을 하나로 만들 수 있다는 뜻입니다.

　심볼릭 스토리를 경영 자원으로 활용하는 기업과 그렇지 못한 기업은 경쟁력에서 크게 차이가 날 것입니다. 이 책에서는 비슷비슷한 전략으로 치열한 경쟁을 벌이고 있는 기업들 사이에서 우리 기업이 심볼릭 스토리를 찾고 브랜드 마케팅에 적절히 활용하는 방법, 또 경영 전략에 구체적으로 대입하는 방법을 소개합니다. 그래서 이 책을 읽고 나면 자신이 속한 기업이 치열한 브랜드 경쟁을 어떻게 헤쳐 나갈지 그 방법의 실마리를 조금은 찾을 수 있을 것입니다.

　차별화가 어려워진 시대에 다른 회사가 쉽게 모방할 수 없는 비즈니스 모델을 구축하고, 효과적으로 우리 브랜드를 마케팅하고 싶은 모든 분들이 이 책을 활용해 시장의 독보적인 강자로 자리매김할 수 있기를 간절히 바랍니다.

우치다 카즈나리

목차

1^장　세계 최고의
　　브랜드를 만든 전설적 스토리

S Y M B O L I C　S T O R Y　S T R A T E G Y

2^장 광고보다 강력한 브랜드 스토리의 힘

SYMBOLIC STORY STRATEGY

3^장 스토리를 무기로 승자가 된 브랜드

SYMBOLIC STORY STRATEGY

4 ^장 독보적 경쟁 우위를 만드는 스토리 전략

SYMBOLIC STORY STRATEGY

5 ^장 브랜드 고유의 스토리를 발견하는 법

SYMBOLIC STORY STRATEGY

6^장 조직을 강하게 만드는 스토리 경영

S Y M B O L I C   S T O R Y   S T R A T E G Y

1^장

세계 최고의
브랜드를 만든
전설적 스토리

이야기의 힘이란 무엇일까? 이야기는 우리에게 어떤 시선을 바라볼 때 '기준'과는 다른 관점을 부여한다.

혹시 이야기를 통해 관점이 바뀐 경험을 해본 적이 있는가? 예를 들어 '로빈 후드'의 이야기를 들으면 평범한 나뭇가지가 '화살'처럼 보인다. 또 『해리포터』 시리즈를 읽으면 매일 보던 역 승강장이 '마법계로 향하는 입구'처럼 보이며, 영화 「스타워즈」를 보면 갑자기 손바닥에서 어떤 광선이 나올 듯 느껴진다.

물론 나뭇가지나 역 승강장, 손바닥이 달라진 게 아니다. 변한 건 사물(사인)이 아니라 그것을 바라보는 '관점'이다. 관점의 변화만으로도 익숙하던 것이 새롭게 보이는 힘이 발생한다. 바로 그것이 이야기가 지닌 강력한 힘이다.

바다에 가라앉지 않는
트렁크

20세기 초, 대형 호화 여객선으로 제작된 타이타닉호는 1912년 4월 10일 수많은 명사를 초청해 기념비적인 첫 항해에 나섰습니다. 하지만 출항한 지 나흘 만인 4월 14일, 빙하에 충돌하는 불의의 사고로 수천 명의 희생자를 남기며 차가운 대서양 바닷속으로 가라앉고 말았습니다.

그때 승객들의 짐 중에서 오직 '루이비통Louis Vuitton 트렁크'만 바다에 가라앉지 않았고, 그것을 부여잡고 버티다가 가까스로 구조된 승객이 있었다고 합니다. 또 침몰한 지 수십 년이 지나 배를 인양해 보니 선체에 남겨진 루이비통 트렁크 안에는 물이 전혀 들어가지 않았고, 짐도 당시의 그 모습 그대로 보존되어 있었다는 이야기가 전해졌습니다.

사실 이 흥미로운 이야기는 하나의 '에피소드'로, 그 진위 여부는 확실하지 않습니다. 하지만 분명 이 이야기에는 '사람을 강하게 매료시키는 힘'이 있어서, 듣고 나면 왠지 주변 사람들에게도 말해주고 싶다는 충동이 듭니다.

　기본적으로 이 이야기는 루이비통이라는 기업의 강점을 그대로 드러내고 있습니다. 포인트는 크게 세 가지입니다. 첫째, 호화 여객선인 타이타닉호에 실렸다는 점에서 루이비통이 당시 명사들에게 사랑받던 브랜드라는 점을 유추해볼 수 있습니다. 둘째, 수많은 트렁크 중 루이비통 트렁크만 가라앉지 않았고, 오랜 세월 선내에 방치됐음에도 물이 차지 않았다는 점에서 높은 기술력과 품질을 엿볼 수 있습니다. 실제로 루이비통의 제품들은 전속 장인이 만들고 오랜 제조 과정을 거치며 그 품질을 보증하고 있습니다. 셋째, 당시 배 여행에 사용된 '사각 평면 트렁크 모양'이 루이비통의 선견지명을 입증합니다. 루이비통이 창업한 1854년에만 해도 트렁크는 대개 마차 여행에 적합한 원형 형태가 일반적이었습니다. 하지만 루이비통은 앞으로 마차보다는 철도나 배를 이용한 여행이 대세를 이룰 것이라 예측했고, 세로로 쌓아 올려 적재가 용이한 사각 평면 트렁크를 만들었습니다. 실제로 현재 루이비통의 매출 가운데 상당 부분이 트렁크 라인 판매액으로 이루어져 있다고 합니다.

　상류층 고객Target, 물이 차지 않는 품질Quality, 상징적인 주력 상품Staple product이라는 세 가지 요소가 놀랍게도 이 이야기 하나에 모두

세계 최고의 브랜드를 만든 전설적 스토리

녹아 있는 셈입니다. 그리고 이 이야기를 들으면 루이비통의 트렁크가 다른 브랜드의 트렁크보다 더 견고하고 좋아 보일 것입니다. 아마도 조만간 고급 트렁크를 살 계획이 있던 사람이라면, 이 이야기를 듣고 루이비통 트렁크를 사야겠다고 마음을 먹었을지도 모르겠습니다.

바로 이것이 이야기가 가진 놀라운 힘입니다. 그리고 루이비통의 이야기처럼 '기업의 강점을 상징하는 이야기'가 이 책에서 설명하는 심볼릭 스토리입니다.

100만 명의 목숨을 구한 엔지니어

안전한 자동차를 생산하기로 유명한 스웨덴의 자동차 제조 업체 볼보Volvo의 '안전벨트 이야기' 역시 대표적인 심볼릭 스토리로 손꼽힙니다.

현재 우리가 너무나도 당연하게 사용하고 있는 '3점식 안전벨트 (한 줄의 벨트로 어깨와 가슴, 무릎을 보호할 수 있는 차량용 안전벨트)'는 사실 볼보가 처음 발명한 제품입니다. 그때까지 널리 사용되었던 2점식 안전벨트(비행기 안전벨트와 같이 한 줄의 벨트로 무릎만 보호할 수 있는 안전벨트)보다 안전성을 크게 강화한 기술로 탄생한 것입니다.

이는 볼보의 수석 엔지니어 닐스 보린Nils Bohlin이 발명해 1959년 볼보의 PV544 차종에 세계 최초로 탑재되었습니다. 또 이 안전한 기술의 혜택을 전 세계 사람 누구나 누릴 수 있도록 볼보와 닐스 보린은 해당 특허를 무상으로 공개했습니다.

특허를 무상으로 공개한 일이 경영 전략상 옳은 결정이었는지 여부와는 별개로, 자사의 이익보다 안전한 사회를 더 우선시하는 볼보의 의지가 이 이야기를 통해 전달되어 브랜드의 이미지에 긍정적인 영향을 끼쳤습니다. 더불어 볼보는 단지 기술만 뛰어난 다른 회사들보다 '더 안전한 제품을 만드는 기업'이라는 이미지를 구축할 수 있었습니다.

물론 지금도 볼보는 뛰어난 기술력을 바탕 삼아 안전성을 극대화한 자동차를 제조하는 기업으로 널리 알려져 있습니다. 2020년까지 "볼보 차량과 관련한 자동차 사고에서 사상자가 없도록 하겠다"는 캐치프레이즈를 내걸고 자동 브레이크, 차선에 맞춰 차량을 부드럽게 조절하는 핸들과 같은 안전 장비를 타사보다 먼저 개발해 발표하기도 했습니다.

또한 자동 충돌 경고음을 차량 밖에서도 들을 수 있도록 하는 기술이나, 충돌 시 보행자를 지키는 차량 밖 에어백 기술을 선보이며 볼보의 고객이 아닌 보행자까지도 배려하는 모습을 보였습니다.

앞선 루이비통의 사례와 마찬가지로 볼보의 안전벨트 이야기 속에는 볼보라는 기업이 가진 강점이 고스란히 녹아 있습니다. 첫째, 사회 전체의 안전을 추구하는 자세, 둘째, 혁신적인 기술력과 뛰어난 엔지니어를 보유한 세계 최고의 기업이라는 점, 셋째, 그러한 자원을 통해 선진적인 차량을 만드는 브랜드라는 점이 바로 그것입니다.

실제로 볼보는 이 이야기를 자사의 홈페이지에도 게재해 "3점식 안전벨트의 발명과 특허 공개로 100만 명 이상의 목숨을 구했다" 라는 점을 강력하게 어필하고 있습니다. 더불어 닐스 보린만큼 많은 사람의 목숨을 구한 엔지니어는 없다며 자랑스럽게 이야기하고 있습니다.

∨

팔지도 않은 제품을
환불해준 백화점

여기 또 하나의 심볼릭 스토리가 있습니다. 미국 시애틀에 본사를
둔 고급 백화점 체인 기업 노드스트롬Nordstrom에도 유명한 '타이어
이야기'가 전해지고 있습니다. 이 이야기 역시 타이타닉호에 얽힌
루이비통의 전설처럼 그 진위 여부는 확실하지 않으나, 각종 서비스
관련 강연이나 경영 서적에 단골로 등장하고 있습니다.

어느 날 노드스트롬 알래스카주 앵커리지 지점에 한 남성이 자동
차용 타이어 두 개를 굴리며 나타났다고 합니다. 잔뜩 화가 난 그 남
성은 다짜고짜 직원에게 다가가 "사이즈를 잘못 샀으니 환불해달
라"라고 요구했습니다. 이에 노드스트롬 직원이 그 자리에서 사과하
며, 곧바로 남성의 요구를 들어주었다는 것이 이 이야기의 주요 내
용입니다.

평범하고 일상적인 환불 에피소드 같지만, 사실은 노드스트롬이 '타이어를 취급하지 않는 백화점'이라는 데에 그 특별함이 숨어 있습니다. 1970년대 노드스트롬이 알래스카에 있는 다른 백화점을 인수한 뒤 일어난 일로, 사실 그 손님은 이전 백화점에서 타이어를 구입했던 것입니다. 즉, 노드스트롬에서 샀다는 건 손님의 착각이었고, 물론 직원 역시 그 사실을 잘 알고 있었습니다. 하지만 일말의 주저함 없이 고객에게 사과를 했고, 아주 잠깐의 내부 회의를 진행한 후 곧바로 그 타이어를 환불해주었습니다.

사실 이 이야기에는 꼬투리를 잡을 만한 포인트가 여럿 있습니다. 이야기를 들은 사람 중 열에 아홉은 '그 손님이나 직원이나 둘 다 바보 아니야?'라고 생각할 게 뻔합니다. 실제로 노드스트롬은 럭셔리 패션 브랜드가 모여 있는 백화점으로 유명합니다. 아무리 착각을 한다고 해도 노드스트롬 같은 고급 패션 백화점에서 타이어를 샀다고 생각할 사람이 누가 있겠느냐고 의심할 수 있습니다(실제로 이 이야기가 공개된 뒤, 미국 전역의 노드스트롬 매장에는 똑같은 요구를 하며 직원들의 반응을 시험해본 손님이 많았다고 한다).

하지만 그럼에도 분명 이 이야기는 상당히 매력적으로 느껴집니다. '누가 봐도 이상하다'고 여길 수 있는 환불 요청에 순순히 응한 노드스트롬 직원의 모습이 머릿속에서 쉽게 지워지지 않습니다. 그리고 이 이야기를 들으면 '누구에게라도 전하고 싶다'는 마음이 듭니다. 이야기의 진위 여부는 차치하더라도 '노드스트롬이 엉뚱한 고객의 요구도 기꺼이 들어준다'는 점만큼은 기억에 확실히 남는다는 것입니다.

실제로 노드스트롬은 취급하지 않는 상품이나 사용하던 상품을 가져와도 반품해주겠다는 '철저한 고객 중심 운영'을 강점으로 내세워왔습니다. 직원들을 교육할 때에도 바로 이 점을 가장 철저히 강조합니다. 노드스트롬이 직원들에게 나누어주는 핸드북에 실린 규정은 단 한 문장으로 표현됩니다.

"모든 상황에서 당신이 최선이라고 생각하는 판단을 따르세요. 이 밖에 다른 규칙은 없습니다."

노드스트롬의 부사장이었던 벳시 샌더스Betsy Sanders는 자신의 저서 『신화가 된 전설적인 서비스』에서 이 이야기를 소개하며 다음과 같은 말을 남기기도 했습니다.

"이 일화로 인해 노드스트롬 직원들은 한동안 여러 가지 곤란한 상황을 겪어야 했다. 물론 나 역시 이 이야기가 진짜냐는 질문을 자주 받았지만, 그것은 이미 우리에게 중요한 문제가 아니었다. 노드스트롬 직원들은 만일 이런 고객이 진짜 있었다고 해도 결과는 마찬가지였을 거라고 확신했기 때문이다."

노드스트롬의 타이어 이야기는 첫째, 노드스트롬이 철저하게 고객 중심으로 운영된다는 점, 둘째, 직원들이 우수한 서비스 마인드를 갖췄다는 점, 셋째, 고객의 요청을 적극 반영해 상품을 구비한다는 점까지 기업이 지닌 강점을 모두 담고 있습니다. 노드스트롬이 타 백화점보다 훨씬 더 강력한 서비스 마인드를 갖춘 존재로 포지셔닝하게 된 '노드스트롬다운 이야기'라고 할 수 있습니다.

　이러한 일이 있고난 이후, 실제로 노드스트롬은 미국에서 최고의 고객 서비스를 상징하는 대명사로 불리게 되었습니다. 콜로라도 대학병원이 로비에 피아노를 설치한 뒤 '의료계의 노드스트롬'이라고 자신들을 홍보한다든가, 캘리포니아대학교가 새로운 행정 시스템을 도입하면서 '학사 관리계의 노드스트롬이 되겠다'고 선언했을 만큼 말입니다.

∨

근무 시간에도
서핑을 허락하는 회사

또 하나의 예를 살펴보도록 하겠습니다. 아웃도어 용품 업체로 잘 알려진 파타고니아Patagonia의 '서핑 이야기'도 심볼릭 스토리로 유명합니다. 이 회사는 근무 시간 중에 언제라도 직원들이 원하면 서핑을 즐기게 한다는 것으로 잘 알려져 있습니다.

기본적으로 서핑은 파도가 있어야만 즐길 수 있는 스포츠입니다. 게다가 서핑을 즐기기에 적합한 파도는 기상 조건에 따라 다르며, 그 상황도 시시각각 변하기 마련입니다. 좋은 파도가 일지 아닐지를 예측해 휴가를 내기가 쉽지 않았기에, 과거 파타고니아의 직원들은 근무 시간 중 파란 하늘과 따사로운 햇빛을 보며 '지금 바다에 나가 서핑을 하면 좋을 텐데……'라고 아쉬움을 삼키곤 했습니다.

이에 파타고니아는 "좋은 파도를 즐길 수 있는 때라면 언제든 서핑을 가도 회사가 상관하지 않는다"라는 사내 방침을 내놓았습니다. 물론 그것이 근무 시간 중일 때라도 말입니다.

파타고니아는 창업자인 이본 쉬나드Yvon Chouinard가 등산용 장비를 만들기 시작한 데에서 출발한 회사입니다. 창업자 스스로가 전설적인 클라이머이자 서퍼이기도 했습니다. 그는 이러한 독특한 사내 방침을 만든 것도, 또 본사를 태평양에 인접한 캘리포니아주에 둔 것도 "나부터 언제든지 서핑을 즐기러 가고 싶기 때문이다"라고 말했습니다(일본 지사를 태평양 인근 가나가와현 가마쿠라시에 둔 것도 같은 이유에서다). 그리고 직원들도 사장 자신처럼 아웃도어 스포츠를 즐기고 사랑하는 인재를 찾아 적극 채용했습니다.

파타고니아는 전 세계적으로 유명한 서퍼와 등산가, 탐험가와 홍보 대사 계약을 맺고 자사의 용품을 사용하게 하는 것으로도 유명합니다. 그들로 하여금 상품을 테스트하게 만들고, 부족한 점을 보완해 품질을 개선하기 위함입니다. 그래서 파타고니아는 헤비 유저들 사이에서 고품질·고기능 제품을 만드는 회사로 인정받고 있습니다. 또 전체 매출의 1퍼센트 이상을 환경 보호 운동에 기부하는 것으로도 잘 알려져 있습니다.

결국 이 이야기는 '파타고니아의 고객과 직원은 모두 아웃도어 스포츠를 진심으로 사랑하는 사람들'이라는 사실과 함께, '그들이 애정으로 갈고닦은 파타고니아의 상품은 실용적이고 품질이 좋다'는 점을 널리 알리고 있습니다.

사실 '탁월한 품질'과 '환경 보호에 앞장서는 기업'이라는 점은 다른 아웃도어 브랜드에서도 충분히 내세우거나 모방할 수 있는 강점입니다. 하지만 파타고니아처럼 직원들이 근무 시간 중에도 서핑을 하러 나갈 수 있도록 허락하는, 오픈 마인드를 지닌 회사는 찾아보기 어렵습니다.

　이본 쉬나드 대표의 저서인 『리스판서블 컴퍼니 파타고니아』는 최고의 경영서로, 또 파타고니아 팬들의 바이블로 널리 읽히고 있습니다. 파타고니아는 이런 이야기를 적극적으로 활용해 수많은 마니아를 만들었고, 자사의 브랜드를 경쟁사의 아웃도어 브랜드보다 더 특별한 존재로 포지셔닝할 수 있었습니다.

파타고니아의 창업자
이본 쉬나드(오른쪽)
flikr.com ⓒ David Lor

미치광이들이
열광하는 기업

심볼릭 스토리를 활용해 경쟁 상황에서 우위를 점하는 일은 비단 경영 상황이 안정된 기업에서만 할 수 있는 일이 아닙니다. 기업이 빈사 상태에 빠졌을 때 부활을 알리는 신호탄으로 심볼릭 스토리를 활용한 사례도 있습니다. "죽느냐 사느냐 하는 절체절명의 상황에서 그렇게 한가로이 이야기를 전할 겨를이 있겠느냐?"라고 의문을 가질지 모르겠지만, 세계적인 기업 애플Apple은 그러한 의문을 멋지게 풀어냈습니다.

스티브 잡스Steve Jobs는 1985년에 스스로 창업한 회사 애플에서 쫓겨났습니다. 이후 절치부심 끝에 경영난에 빠진 애플로 복귀하여 1997년에 다시 경영의 실권을 잡았습니다.

사실 당시 애플의 경영 상태는 처참한 지경이었습니다. 경쟁사보다 제품 개발이 한참 뒤처져 있었고, 급기야 경쟁사 제품의 잇따른 성공으로 인해 시장 점유율이 떨어지고 있었습니다. 그때까지 누려오던 브랜드 포지션마저 잃은 채 어느새 도산 직전에까지 몰린 처지였습니다. 경영 재건이 완전히 불가능해 보였다고 해도 과언이 아닙니다.

이런 상황에서 다시 회사로 돌아온 스티브 잡스는 가장 먼저 '애플은 혁신적인 제품을 만드는 기업'이라는 비전을 다시 한 번 시장에 상기시켰습니다. 하지만 아무리 신제품 개발에 힘을 쏟는다고 해도 이를 금세 완성시켜 시장에 내놓을 수는 없었습니다.

이때 스티브 잡스는 '애플의 DNA에 기초한 이야기'를 만들어 텔레비전 광고로 내보냈습니다. 부진한 실적에 빠진 기업이 출시되는 제품도 없는 상태에서 광고를 낸다는, 당시 상식으로는 있을 수 없는 일을 해낸 것입니다.

그 캠페인의 메인 타이틀이 지금까지도 회자되고 있는 'Think Different'입니다. 하나의 제품이 아니라, 애플이 추구하는 가치와 기업의 DNA를 이야기 속에 그대로 담아 전했습니다.

당시 광고 영상에는 알베르트 아인슈타인Albert Einstein, 마틴 루서 킹Martin Luther King, 존 레넌John Lennon, 토머스 에디슨Thomas Edison, 무하마드 알리Muhammad Ali, 마하트마 간디Mahatma Gandhi 등 남들과는 다른 면모로 세상을 바꾼 인물들의 화면이 연이어 등장했으며, 그 내용으로는 다음의 메시지를 읽어주는 것뿐이었습니다.

미치광이들이 있었다.

사회 낙오자, 반항아, 애물단지라 불리던 사람들.

네모난 구멍에 둥근 못을 처박듯

사안을 완전히 다른 눈으로 보았던 사람들.

그들은 규칙을 싫어했고 현상 유지를 긍정하지 않았다.

그런 그들의 말에 감동을 받은 이들이 있었다.

반대하는 사람도, 칭찬하는 사람도, 헐뜯는 사람도 있었다.

하지만 그들을 무시하는 이는 아무도 없었다.

왜냐하면 그들은 세상을 바꿨기 때문이다.

그들은 인류의 전진을 이끌었다.

그들은 미쳤다는 소리를 들었지만,

우리는 그들을 천재라고 생각한다.

자신이 세상을 바꿀 수 있다고 진심으로 믿는 이들이야말로

진짜 세상을 바꿀 수 있기에.

Think   Different.

　훗날 이 광고는 광고 업계 종사자들 사이에 전설이 되었습니다. 애플은 아무것도 없었기 때문에 오히려 '혁신성'이라는 기업의 DNA를 이야기로 그려 외부로 발신할 수 있었습니다. 그리고 당시 이 메시지는 커다란 사회적 반향을 불러일으키기에 충분했습니다.

세계 최고의 브랜드를 만든 전설적 스토리

그리고 이듬해인 1998년, 애플은 혁신적인 개인용 컴퓨터 '아이맥iMac'을 출시했습니다. 'Think Different' 정신을 구현한 이 제품은 소비자들로 하여금 열광적인 반응을 이끌어내며, 애플은 멋지게 부활할 수 있었습니다.

애플의 강점은 첫째, 지금까지 세상에 없던 제품을 만들어낸 창의적인 개발자들, 둘째, 크리에이터를 중심으로 한 열광적인 마니아 고객층, 그리고 셋째, 무엇보다 그들이 공통적으로 추구한 '혁신성'이라는 DNA입니다.

애플이 이야기를 통해 그려낸 건 당연히 이런 점이었습니다. 그들은 혁신적인 DNA를 가진 이들을 존경하며, 그런 사람들이야말로 애플의 직원이자 고객이라는 점을 상징적으로 보여주었습니다. 명실공히 전 세계 역사적으로 길이 남을 심볼릭 스토리의 사례라고 할 수 있습니다.

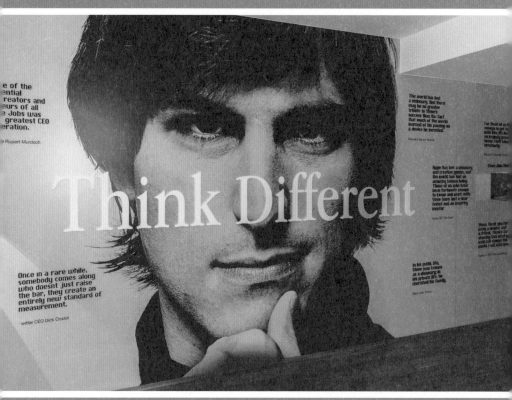

e of the
ential
reators and
eurs of all
e Jobs was
greatest CEO
eration.

Rupert Murdoch

Think Different

Once in a rare while,
somebody comes along
who doesnt just raise
the bar, they create an
entirely new standard of
measurement.

writter CEO Dick Costol

애플과 스티브 잡스의
'Think Different' 광고

SYMBOLIC STORY
STRATEGY

2장

광고보다 강력한 브랜드 스토리의 힘

앞서 1장에서는 심볼릭 스토리를 효과적으로 활용해 비즈니스 경쟁력을 높인 세계적인 브랜드 기업들의 사례를 살펴보았다. 이번 장에서는 심볼릭 스토리가 '단순히 듣기 좋은 이야기'와 어떻게 다른지, 그리고 모든 것이 연결되어진 지금의 경영 환경에서 왜 심볼릭 스토리가 경영 지원으로써 더더욱 중요해졌는지에 대해 소개하도록 하겠다.

심볼릭 스토리의
필수 조건

이번 장을 시작하기 전에 다시 한 번 1장에서 언급했던 내용들을 되짚어보겠습니다. '심볼릭 스토리'란 한마디로 표현해 '기업과 브랜드의 강점을 상징하는 이야기'입니다. 그리고 우리는 이런 말을 덧붙였습니다.

'달라진 건 사물(사안)이 아니라, 그것을 바라보는 관점이다.'

단지 어떤 이야기를 듣는 것만으로도 익숙했던 사물이 완전히 새로운 가치를 지닌 것처럼 보이게 만드는 힘, 이것이 바로 심볼릭 스토리가 가진 강력한 힘입니다.

앞서 소개한 다섯 가지 브랜드의 사례를 볼 때, 심볼릭 스토리는 완전히 생뚱맞은 이야기가 아니었습니다. 각각의 기업이 이미 보유하고 있는 강점에 철저히 기초해, 그것을 충실히 설명하는 내용이었습니다. 그리고 그런 이야기를 외부로 발신해 홍보함으로써 각각의 기업은 '우리 브랜드가 경쟁 기업과는 다른, 완전히 차별화된 존재'라는 점을 강조했습니다.

고급 트렁크 제품을 만드는 회사라면 사실 루이비통 이외에도 많은 브랜드가 있습니다. 안전성 향상에 힘쓰는 자동차 회사 역시 볼보만은 아닐 것입니다. 우수한 고객 서비스를 제공하는 건 노드스트롬뿐만 아니라 모든 고급 백화점이 공통적으로 추구하는 가치입니다. 직원들이 아웃도어 스포츠를 즐길 수 있도록 사내 복지 제도를 갖춘 스포츠 용품 업체, 혁신적인 DNA를 강조하는 IT 기업 또한 마찬가지입니다.

이런 강점들이 정도의 차이는 있겠지만, 그러한 사실을 홍보하는 것만으로는 분명 다른 브랜드와 결정적인 차별화를 이룰 수 없습니다. 하지만 거기에 자신의 브랜드만이 가진 독자적인 이야기가 더해져 사람들의 공감을 얻는다면, 그 기업은 제품을 크게 개선하지 않더라도 이미지만으로써 브랜드를 차별화할 수 있습니다.

타이타닉호의 루이비통 이야기는 다른 브랜드가 모방할 수 없는, 오직 루이비통만의 경영 자원입니다. 볼보의 안전벨트 이야기도, 노드스트롬의 타이어 이야기도 경쟁사가 절대로 흉내 낼 수 없는 그 기업만의 고유한 경영 자원입니다.

브랜드 전략의
방향성에
합치되는가?

　심볼릭 스토리를 발견하고, 우리 브랜드를 차별화시키는
요소로 활용하기 위해서는 반드시 확인하고 넘어가야 할 사항이 있
습니다. 바로 '이러한 이야기가 우리 기업이 설정한 경영 전략의 방
향과 합치되는가?'라는 점입니다.

　고급스러운 분위기뿐만 아니라 뛰어난 품질로 세계 명품 시장을
선도하는 루이비통, 선진적인 안전 기술로 소비자들에게 사랑받는
볼보, 고객 중심의 철저한 서비스로 차별화를 꾀하는 노드스트롬까
지. 이 기업들의 이야기가 '그 기업답게' 느껴지는 이유는 언뜻 당연
해 보이지만, 사실 여기에는 커다란 포인트가 숨어 있습니다.

　뛰어난 품질, 선진적인 안전 기술, 고객 중심 서비스 모두 각각의
기업이 가진 대표적인 강점이며, 그 기업이 가장 중요하게 추구하는
경영 전략의 방향과 합치된다는 점입니다.

　사실 그 기업의 브랜드 이미지 혹은 경영 전략의 방향과 전혀 어
울리지 않는 이야기를 홍보해 도리어 마케팅에 실패하고 어렵게 쌓
은 이미지를 추락시키는 사례가 적지 않습니다. 아니, 의외로 정말
많은 게 현실입니다.

　기업의 강점이란 건 그저 듣기 좋은 이야기, 즉 막연하게 존재하

는 가치가 아닙니다. 철저하게 경영 전략에 입각한 결과물입니다. 그래서 어떤 기업이 강점이라고 내세우는 가치가 다른 기업에게는 반대로 약점으로 작용하는 경우도 발생합니다.

극단적인 예를 설명해볼까요? 만약 볼보가 직원들에게 근무 시간 중 서핑을 즐길 수 있도록 허락한 뒤 그것을 하나의 심볼릭 스토리로 활용해 외부에 홍보했다고 가정해봅시다. 이는 단지 독특한 사내 문화를 보유했다는 좋은 이야기 정도는 될 수 있지만, 자동차 시장 내 경쟁에서 우위를 점할 수 있는 강점이 되지는 못합니다. 오히려 사람의 목숨을 걸고 치열하게 안전성을 추구해야 하는 회사의 직원들이 근무 시간 중에 한가로이 서핑을 즐긴다며 브랜드 이미지에 마이너스 효과를 불러올 수도 있습니다.

실제로 볼보는 안전성을 강화하기 위해 기술 개발과 차량 개조에 막대한 자원을 투입하고 있습니다. 3점식 안전벨트 이야기는 볼보의 경영 전략인 '안전성'과 완벽하게 합치되기 때문에, 볼보를 상징하는 심볼릭 스토리로 커다란 효과를 발휘하는 것입니다.

'그저 좋은 이야기', '막연히 누군가가 들어줬으면 하는 이야기'는 어느 기업에나 널려 있습니다. 하지만 그런 이야기 하나하나에 관심을 두다 보면, 오히려 그 기업다운 이야기에서 벗어난 생뚱맞은 이야기를 발신하게 되기 십상입니다. 이것저것 다 욕심내는 건 위험합니다. 도리어 전략의 방향에 꼭 들어맞는 이야기가 아니라면, 과감히 버릴 줄도 아는 용기가 필요합니다.

다른 사람에게
전하고 싶은가?

심볼릭 스토리를 활용할 때 또 하나 중요한 점이 있습니다. 바로 그 내용이 심플하면서도 흥미가 있어서 '다른 사람에게 전하고 싶은가?' 여부입니다.

앞서 설명한 타이타닉호의 루이비통 트렁크 이야기는 전하는 데에 그리 오랜 시간이 필요하지 않습니다.

'타이타닉호에 탔던 당시의 명사들이 루이비통 트렁크를 애용했으며, 배가 가라앉을 때에도 그 트렁크만은 가라앉지 않았다. 떠오른 트렁크를 붙잡고 버티다가 구조된 사람도 있었다. 그리고 수십 년이 지나 배 안의 트렁크를 인양해 열어보니 물이 차지 않은 채 내용물이 그대로 있었다.'

어떠한가요? 단지 네다섯 줄만으로도 대략 1분 안에 내용을 충분히 전달할 수 있지 않나요? 이 책을 읽고 있는 와중에 루이비통 이야기를 옆 사람에게 전한 사람도 있을 것입니다. 간단하고 재미있기 때문에 입소문이 나기 좋고, 인터넷이나 SNS를 통해서도 쉽게 확산이 가능합니다.

다들 느끼셨겠지만, 이미 이 이야기의 진위 여부는 크게 중요하지 않습니다. 실제로 제 주위에도 "그 이야기를 어디선가 들어본 적이 있다"라고 말하는 이들이 많았지만, 그 이야기를 어디에서 들었는지 정확히 기억하는 사람은 많지 않았습니다.

　'전하기 쉬운 심볼릭 스토리'란 바로 이런 것입니다. 간결하고 흥미로울 때 그 이야기는 커다란 확산의 힘을 갖습니다.

초연결 사회의 승자는
'이야기가 되는 브랜드'

그렇다면 왜 현 시점에서 심볼릭 스토리를 활용한 경영 전략이 더욱 중요해진 걸까요? 그 배경에는 '개인의 미디어화'와 '비즈니스 모델의 동질화'라는 두 가지 환경의 변화가 자리 잡고 있습니다.

현재 미디어를 이끌어나가는 주역이 텔레비전이나 신문, 잡지 등의 매스 미디어에서 인터넷과 SNS로 변화했다는 사실을 모르는 사람은 없을 것입니다.

다만, 여기서 주목해야 할 점이 있습니다. 매스 미디어의 위상이 변화했다는 표면적 사실이 아니라, 개개인 한 사람이 미디어가 되어 정보를 수집하고 발신한다는 이면적 현상의 변화입니다.

'개인이 정보의 수용자뿐만 아니라 발신자가 되어 활동한다'는 사실은 인터넷이 보급되기 시작한 1990년대 후반부터 꾸준히 나온 이야기입니다.

특히 최근 들어 스마트폰이 급속도로 보급되고, 유튜브나 트위터 등의 매체가 발달하면서 '개인의 미디어화'는 한층 더 가속화되고 있습니다. 조금 극단적으로 말해 요즘 사람들은 잘 때, 샤워할 때를 빼놓고는 스마트폰을 항상 손에 쥐고 삽니다. 스마트폰만 있으면 이 세상 모든 정보를 순식간에 입수하고 발신할 수 있는 셈입니다. 개개인이 생활하는 시간 대부분이 미디어이자, 생활하면서 체험하는 모든 것이 콘텐츠가 되는 시대라는 뜻입니다.

시장 조사 업체 니케이 BP 컨설팅의 조사에 따르면, 2015년 7월 기준으로 일본은 49.7퍼센트의 사람들이 스마트폰을 사용한다고 합니다. 같은 기간 한국의 스마트폰 보급률은 83퍼센트로, 90.8퍼센트의 아랍에미리트, 87.7퍼센트의 싱가포르, 86.1퍼센트의 사우디아라비아에 이어 세계 4위 수준입니다.

또 어느 기관에서는 '정보원의 신뢰도'에 대해 조사했는데, 흥미롭게도 친구나 블로그 혹은 SNS로부터 얻은 정보가 텔레비전, 신문, 잡지, 라디오에서 얻은 정보보다 더 신뢰도가 높다는 결과가 나오기도 했습니다.

매스 미디어가 주요한 정보원이었을 때에 사람들이 입수한 정보는 대부분 '편집된 정보'였습니다. 텔레비전 방송국이나 신문사, 잡지사 등의 미디어가 독자적으로 우선순위를 정해두고 정보를 편집한 뒤, 이를 사회로 발신했습니다. 즉, 무엇이 중요한 정보이고 덜 중요한 정보인지 그 우선순위를 매스 미디어가 결정했다는 뜻입니다. 하지만 사람들 간의 관계가 자율적으로 연결된 지금의 사회에서는 개개인이 믿을 만하다고 느끼는 정보를 직접 선별해 입수하고 발신할 수 있는 환경이 갖춰져 있습니다.

이처럼 개인의 미디어화가 발달된 환경에서는 생활 속 재미난 정보, 이를테면 블로그 이웃의 제품 체험담이나 맛집 이야기, 더 나아가 기업과 브랜드에 관련한 소문 등도 마찬가지로 쉽게 확산될 수 있습니다. 이것이 커뮤니케이션을 둘러싼 기업 간의 마케팅 경쟁 환경을 촉발시킨 가장 큰 원인입니다.

기업이 정보를 발신할 때 매스 미디어를 주요 수단으로 활용했던 시대에는 소수의 대형 미디어가 장악한 한정된 공간만이 절대적인 가치를 가졌습니다. 그 공간을 자본으로 살 수 있는 기업만이 타사를 능가할 수 있었고, 경쟁사보다 특별한 존재로 대중에게 어필할 수 있었습니다.

하지만 개인이 하나의 미디어로 작용하는 현 시대에는 한정된 공간이나 제한된 횟수의 개념이 완전히 사라졌습니다. 재미있는 이야기라면 온라인 속 매체를 통해 손쉽게 확산되고 축적되어 수없이 재생됩니다.

결국 미디어를 장악하는 브랜드가 아닌, 이야기의 힘을 가진 브랜드가 존재감을 높이고 살아남을 수 있는 시대가 되었다고 할 수 있습니다.

프로모션의
함정

이러한 사회에서는 실로 많은 정보가 생성되고 공유되며 소비됩니다. 다만 그중에서 사람들의 마음속에 오랫동안 남는 정보는 극소수에 불과합니다. 갑자기 화제를 모은 개그맨의 유행어처럼, 순식간에 인기를 얻어도 몇 개월만 지나면 사람들의 머릿속에서 지워져버리는 '물거품 정보'가 많다는 뜻입니다.

이와 같은 일은 기업의 판촉 프로모션에서도 벌어지고 있습니다. '어느 기업의 신상품이 큰 인기를 얻으며 매진 행렬을 이루고 있다', '어느 지역의 매장에 아직 그 제품이 남아 있다', '그 가게의 무엇이 너무 맛있어서 화제가 되었다'라는 말처럼 신제품을 출시할 때 기업들이 자주 쓰는 바이럴 마케팅Viral Marketing 문구들은 단기적인 판촉 효과는 발휘할지 몰라도, 지속적인 판매 효과를 기대하기는 어렵습니다. 순식간에 확산되어 일시적인 판매 기록을 세우지만, 금세 유통 기한이 지나고 화제가 되었다는 사실조차 잊히기 때문입니다.

과거에는 통하던 마케팅 전략이 왜 지금 시대에는 소비자들에게 통하지 않게 되었을까요? 이는 '개인의 미디어화'로 생긴 '프로모션의 함정 탓이라고 할 수 있습니다.

순간적인 확산 효과는 일시적인 착시 효과를 낳기 때문에 마약처럼 중독 현상을 일으킵니다. 하지만 기업의 경영진들이나 마케터들이 이러한 함정에 빠져 눈앞의 프로모션 효과만 노리는 정보 발신에 급급하다 보면, 머지않아 시장에서 도태될지도 모릅니다.

따라서 이 같은 함정에 빠지지 않도록, 혹은 함정에서 빠져나올 수 있도록 대책을 강구해야 합니다. 그 대책으로 심볼릭 스토리를 활용하는 것이 가장 효과적이라고 말할 수 있습니다. 다른 이에게 전하고 싶기 때문에 쉽게 확산될 뿐만 아니라, 브랜드의 강점을 소비자들의 머릿속과 가슴속에 오래 남기기 때문입니다. 더 나아가 중장기적으로는 브랜드의 경쟁력 강화에도 중요한 자원이 되어줄 것입니다.

비즈니스 모델의
동질화

브랜드 간의 커뮤니케이션 경쟁을 심화시키는 또 하나의 원인은 '비즈니스 모델의 동질화'입니다. 비즈니스 모델이란 '이렇게 하면 사업이 잘될 것이다'라는, 일종의 시나리오를 뜻합니다. 그리고 그 바탕에는 '브랜드의 경쟁 우위는 상품과 서비스, 인재, 설비 등 전략의 개별적 요소가 아니라, 그런 요소들의 조합으로 만들어진다'는 사고방식이 깔려 있습니다. 바로 이 요소들 간의 연결을 비즈니스 모델이라고 합니다. 즉, 정리하자면 다른 기업이 모방하기 어려운 비즈니스 모델을 발견한다면, 브랜드 경쟁에서 우위에 설 수 있다는 뜻이 됩니다.

하지만 어느 정도 시장이 성숙된 선진국의 비즈니스 환경에서는 비슷한 비즈니스 모델이 차고 넘칩니다. 새로운 시장을 둘러싼 경쟁 혹은 한정된 유망 분야를 둘러싼 경쟁에서도 치열하게 싸웁니다. 다른 기업과 결정적인 차이를 보일 만한 비즈니스 모델을 발견하기가 말처럼 쉽지 않다는 의미입니다. 가령 다른 기업과 다른 비즈니스 모델로 앞서간다고 해도, 모방 기업들이 우후죽순 생겨나 시장의 파이를 빼앗아가곤 합니다.

과거에 업계를 선도했던 1등 기업들은 도전자 기업이 지금까지와는 다른 색다른 방식으로 승부를 걸어와도 물량으로 압도하거나, 막강한 자본력을 이용해 비즈니스 모델을 아예 동질화시켜서 도전자 기업들을 물리칠 수 있었습니다. 이는 과거 1등 기업들의 상투적인 대응 방식입니다.

하지만 어느 정도 성숙된 시장에서는 1등 기업들도 점유율을 유지하기 위해 모든 수단과 방법을 강구해야 합니다. 기업과 기업 사이에 있던 정보의 장벽이 낮아졌기 때문입니다.

인터넷이 보급됨에 따라 기업 활동에 관한 정보는 이전보다 훨씬 더 입수하기가 쉬워졌습니다. 기본적인 비즈니스 정보라면 대부분 상장 기업의 홈페이지에서 확인할 수 있습니다.

더불어 미디어에서는 연일 수많은 기업 활동이 소개되고, 경영자가 직접 출연해 자사의 전략이나 브랜드의 강점을 어필하는 텔레비전 프로그램도 인기를 얻고 있습니다. 예능 프로그램에서조차 특정 기업을 취재하고, 그 기업의 대표 기술이나 제품, 홍보 및 마케팅 전략 등을 상세히 소개합니다.

물론 모든 정보가 공개될 리는 없습니다. 하지만 '어떤 고객 가치를 추구하고, 어떤 점을 강점으로 내세우는지, 어떤 독자적인 홍보 활동을 펼치고 있는지' 기본적인 경영 전략만큼은 회사 밖에서도 꽤 상세하게 알 수 있습니다.

매력적인 비즈니스 모델이 완성되면 경쟁사에 의해 모방이 쉬워집니다. 우리 기업에만 있다고 생각했던 강점조차 그 내역이 밝혀지고 나면, 풍부한 자금력을 가진 기업들이 모방하는 건 시간문제입니다. 정보화 사회의 진전과 발전은 경영 전략의 차별화를 어렵게 만드는 측면을 갖고 있는 셈입니다.

하지만 우리 브랜드만의 고유한 이야기, 즉 심볼릭 스토리는 경쟁사에서 돈을 주고 살 수도 훔칠 수도 없습니다. '비즈니스 모델의 동질화'라는 리스크에 대항할 수 있는 경영 자원으로 심볼릭 스토리의 중요성이 더더욱 높아지고 있는 이유입니다.

‹

비즈니스 모델의 중심에
스토리를 채워라

지금까지 살펴본 이야기에 기초해 비즈니스 모델과 심볼릭 스토리의 관계를 정리해보겠습니다.

비즈니스 모델이란 앞서 말한 대로 '기업이 가진 전략적 요소의 조합'입니다. 비즈니스 모델 분야의 권위자이자 하버드비즈니스리뷰HBR의 전략 담당 편집자인 조안 마그레타Joan Magretta는 자신의 논문에서 "비즈니스 모델이란, 어떻게 하면 회사가 잘나갈 수 있는지를 말해주는 줄거리이자 경영의 기본적인 계획이다"라고 표현했습니다.

또한 『경영전략 논쟁사』, 『3개의 초감각』, 『세상을 바꾼 비즈니스 모델 70』 등의 저자이자 일본 최고의 경영 전략 컨설턴트 미타니 코지三谷宏治는 이렇게 말하기도 했습니다.

"비즈니스란 결국 어딘가에서 조달하고 창조한 특정 가치를 누군가에게 제공한 뒤 그 대가를 얻는 것이기 때문에, 그 요소 간의 조합이 곧 비즈니스 모델이 된다."

물론 비즈니스 모델이 어떤 조합으로 구성되어 있고 어떻게 지속적인 경쟁 우위를 점하는지, 그 이론적인 틀에 대해서는 여러 가지 이견이 있습니다. 경영학자에 따라 구성 요소의 정의도 모두 다릅니다. 그 점에 대해서는 비즈니스 모델에 관련한 전문 서적을 참고해 주시기 바랍니다. 이 책에서는 심볼릭 스토리와 비즈니스 모델이 어떻게 연결되어야 하는지에 대해서만 초점을 맞추도록 하겠습니다.

우리는 이 책에서 비즈니스 모델을 다음과 같은 전략 요소의 조합이라고 정의합니다.

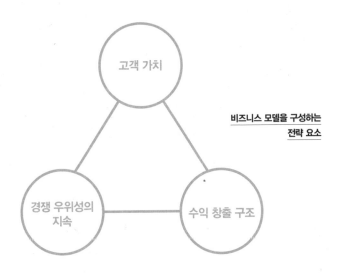

비즈니스 모델을 구성하는
전략 요소

한편 심볼릭 스토리는 비즈니스 모델 그 자체를 가리키는 것이 아니라, 각각의 요소가 지닌 독자성을 더욱 가치 있고 돋보이게 만드는 역할을 합니다. 즉, 각각의 요소를 강하게 결부시키거나 강한 맛을 더하는, 혹은 절묘하게 중첩된 형태로 비즈니스 모델을 강화하는 역할을 하는 이야기를 뜻합니다.

비즈니스 모델과 경영 자원으로써의 심볼릭 스토리를 정리해보면 다음과 같은 표로 나타낼 수 있습니다.

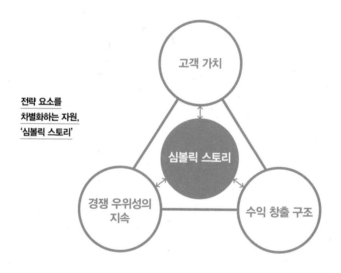

볼보는 '100만 명의 목숨을 구한 엔지니어 이야기'를 심볼릭 스토리로 활용하고 있지만, 가령 이것이 없었다고 해도 볼보의 비즈니스 모델 자체는 성립합니다. 우수한 기술을 통해 안전성이 뛰어난

자동차를 제조하고(고객 가치), 경쟁사보다 가치 있는 고급 자동차로 판매하며(수익 창출 구조), 지속적으로 안전성 강화에 대한 연구 개발에 힘쓴다는 점(경쟁 우위성의 지속)이 바로 그것입니다. 다만, 앞서 말했던 것처럼 모든 자동차 회사는 볼보와 마찬가지로 안전성을 추구합니다. 만일 그러한 가치를 추구하지 않는 기업의 차라면 아예 사고 싶은 욕구 자체가 생기지 않을 것입니다.

하지만 사람들에게 "그 어떤 브랜드보다 안전성을 최우선으로 생각하는 기업이 어디냐?"라고 물어보면 아마도 많은 이가 볼보의 손을 들어줄 것입니다. 바로 심볼릭 스토리 때문입니다. 동일한 비즈니스 모델이라도 심볼릭 스토리가 각각의 요소를 경쟁사의 전략 요소보다 두드러지게 만들어주어 전략을 강화시키는 역할을 하기 때문입니다.

∨

스토리로 전할 수 없다면
비즈니스 전략이 아니다

지금까지 우리는 수많은 브랜드의 커뮤니케이션 프로젝트에 참여해왔습니다. 그때 기업들이 가진 가장 큰 고민은 "우리 브랜드에도 분명 강점이 있는데, 막상 광고나 홍보를 해도 그 가치가 제대로 전달되지 않는다"라는 점이었습니다.

많은 기업은 이렇게 생각합니다. 우선 '전략'이 갖춰져 있어야 한다고 말입니다. 먼저 기업의 전략 방향성이 정해지고, 그것을 전제로 '어떻게 전할지' 그 수단을 강구합니다. 즉, '비즈니스 모델이 먼저 있고, 그것을 어떻게 전할지 고민하는 순서'로 생각합니다.

하지만 그 브랜드가 가진 강점이 처음부터 이야기로써의 전달력이 없다면 어떻게 될까요? 전달 방법에 대한 문제 이전에, 전해지지 않을 법한 강점을 내세운 전략은 그 방향성 자체에 문제가 있는 것입니다.

이 책에서는 '심볼릭 스토리'를 하나의 주요한 경영 자원으로 포지셔닝합니다. 이야기로 고객에게 전달될 수 있는 강점이야말로 비즈니스 모델에서도 강점이 될 수 있다는 사고법입니다.

볼보의 엔지니어 이야기는 기업이 전략상의 강점으로 포지셔닝한 '안전성'과 완전히 합치합니다. 어느 쪽이 먼저라고 말하기 어려울 만큼 서로 중첩되어 있습니다. 또한 파타고니아의 이야기도 자신들의 강점인 '사용자 관점의 품질 개선'과 일치합니다. 애초에 전달력이 있기 때문에, 그런 강점이 비즈니스 모델 자체를 차별화시키는 힘을 가질 수 있는 것입니다.

정보화 사회에서는 전략의 우열만이 브랜드 경쟁에서 우위를 결정하지 않습니다. 규모나 자원 면에서 뒤처졌다고 해도, 커뮤니케이션이라는 무기를 효과적으로 사용하는 기업이 우위를 점할 수 있는 시대인 것입니다. 그렇기 때문에 전략 방침을 세우고 나서 전하는 방식을 고민할 게 아니라, 처음부터 다른 이에게도 알리고 싶은 이야기를 우리 브랜드의 강점이자 핵심으로 삼아 비즈니스 모델을 그리는 편이 효과적입니다.

> '우리 브랜드가 가진 최고의 강점은 무엇인가?',
> '그것이 우리 기업의 전략 방향에 합치되는가?'
> '강점이 이야기로 고객에게 전달될 수 있는가?'

지금까지 심볼릭 스토리의 조건에서부터 시작해, 앞으로의 기업 경영과 브랜딩에서 왜 스토리가 필요한지, 그 의미에 대해 살펴보았습니다. '이야기를 하나의 경영 자원으로 삼아 비즈니스 모델에 조합시키고 경쟁 우위를 점한다'는 전략의 틀을 충분히 이해했을 것이라 믿습니다.

　　다음 장에서는 심볼릭 스토리를 제대로 활용하고 있는 기업 및 조직의 구체적인 사례를 살펴볼 예정입니다. 이를 통해 우수한 이야기 전략의 조건과, 심볼릭 스토리의 사용법을 쉽게 이해할 수 있을 것입니다.

SYMBOLIC STORY
STRATEGY

3^장

스토리를 무기로
승자가 된
브랜드

이번 장에서는 앞서 살펴본 심볼릭 스토리의 프레임을 활용해 비토스 승자가 된 기업 및 조직의 사례를 살펴볼 것이다. 여기에서는 총 세 가지의 사례가 소개된다. 첫 번째는 경쟁에서 뒤처져 있던 상황을 멋지게 '역전'해 1등 브랜드로 올라선 캐리어와, 두 번째는 비즈니스 모델을 확장하여 새로운 시장으로 '진출'한 티나, 그리고 세 번째는 '생존'을 건 싸움으로 경쟁사들의 모방을 막아낸 퓨어의 이야기다. 이들 모두 각자의 독자적인 심볼릭 스토리를 토대로 비즈니스 모델을 변화시켰고, 성숙된 시장에서 경쟁사와 완전히 차별화된 비즈니스 모델을 확립할 수 있었다.

∨

역전

긴키대학의
완전 양식 참치

일본 간사이 지방(오사카, 교토, 고베를 중심으로 한 일본 제2의 중심 지역)의 대학 입시 교육 업계에서는 '칸칸도리츠関関同立'라는 말이 유행하고 있습니다. 이는 간사이 지방 내에서 4대 명문 사립 대학이라고 불리는 '간사이대학関西大学', '간세이가쿠인대학関西学院大学', '도시샤대학同志社大学', '리츠메이칸대학立命館大学' 등을 일컫는 말입니다.

아울러 이와 함께 '산킨코류産近甲龍'라는 말도 있습니다. 이는 '교토산교대학京都産業大學', '긴키대학近畿大学', '고난대학甲南大学', '류코쿠대학龍谷大学' 등으로, 4대 명문 사립 대학을 잇는 중간급 사립 대학을 의미합니다. 그 안에 속한 긴키대학은 1925년에 문을 연 간사이 지방 내 유서 깊은 사립 대학으로 손꼽힙니다. 규모도 커서 학부생만 3만 명이 넘고, 2016년에는 국제학부를 신설해 총 14개 학부

48개 학과를 두기까지 했습니다. 또 로스쿨과 대학원 11개를 두어 간사이 지방 최대의 종합 대학으로도 불립니다.

하지만 이런 긴키대학은 그 역사와 규모에 비해 '칸칸도리츠'에 속한 네 군데의 대학보다 인기가 덜했습니다. 이에 긴키대학은 기존 대학들이 경쟁해오던 방식의 틀을 완전히 깨부순 새로운 브랜딩 전략을 수립했습니다. 다른 대학에는 없는 심볼릭 스토리를 내세워 경쟁 대학들 사이에서 독자적인 포지셔닝을 구축한 것입니다.

18세 인구의 감소가 불러온
대학의 위기

사실 현재 일본 내 대학 입시를 둘러싼 환경은 일대 격변기를 맞이하고 있습니다. 다른 나라에 비해 일본은 저출산·고령화 현상이 일찍, 그리고 급속도로 진행되고 있습니다. 교육과 문화, 스포츠를 담당하는 국가 기관인 일본 문부과학성에 따르면, 대학 수험 연령인 18세 인구는 1990년에 200만 명 정도였지만, 2010년에는 약 120만 명까지 감소했다고 합니다. 최근에는 거의 제자리걸음 상태로 추이하고 있지만, 2018년 이후에는 계속해서 감소할 것으로 전망하고 있습니다.

한편 대학 진학률은 2010년에 약 50퍼센트까지 상승해 20년 만에 거의 두 배 가까이 늘었습니다. 이로써 대학 입학자 수가 꾸준히 증가했지만, 앞으로 이 이상은 진학률이 늘지 않을 것으로 예상됩니다. 즉, 현재 일본 내 대학들은 '2018년 현상(2018년부터 일본 내 18세 수험 인구가 줄어들기 시작해 2025년이 되면 전체 사립 대학의 40퍼센트가 정원 미달에 이르러, 많은 대학이 폐교 및 통폐합될 것이라는 사회 용어)'에 직면해 고객(학생)이 줄어드는 시장 축소 위기 상황에 봉착했다고 설명할 수 있습니다.

학교마다 사정이 조금씩 다르지만, 대부분의 사립 대학은 수입의 대부분을 입학금이나 수업료로 충당하고 있습니다. 따라서 수험자 수, 그리고 입학자 수가 줄면 그만큼 수입도 줄어들기 마련입니다. 대학병원을 소유한 경우에는 의료 수입도 있겠지만, 학비 수입에 대한 의존도는 여전히 높은 상황입니다. 그로 인해 앞으로 대학은 경제적으로 어려운 상황에 처할 가능성이 굉장히 높습니다.

어떻게 하면 남은 지원자를
몽땅 끌어들일 수 있을까?

긴키대학은 '대학에서 배운 학문이 사회에 도움이 되어야 한다'는 실용 학문 교육을 건학 이념으로 삼고 있습니다. 이를 위해 의학부터 예술까지 폭넓은 분야의 학부를 두고 있는데, 14개 학부

가운데 8개 학부가 이과 계열이라는 특색도 갖고 있습니다. 실제로 의학대학, 약학대학, 농업대학 모두를 보유한 사립 대학 역시 전 일본 내 긴키대학이 유일합니다.

'사회에 도움이 된다'는 건학 이념은 학생의 입장에서 볼 때 '사회로 나왔을 때 써먹을 만한 실용적인 기술을 배우는 대학'이라는 인상을 줍니다. 이 같은 강점을 토대로 긴키대학은 자신의 대학을 제1지망으로 지원한 학생들은 물론, 제1지망에서 떨어져 제2지망으로 지원한 학생들까지도 명확히 타깃으로 삼아 절대 놓치지 않으려고 노력하고 있습니다.

물론 고도의 입시 전략으로 꼭 입학을 하고자 했던 긴키대학을 제2지망으로 선택한 학생도 있었겠지만, 제2지망으로 붙은 학생 대부분은 제1지망에서 떨어져 '울며 겨자 먹기'로 입학한 경우였습니다. 이런 학생을 '불본의不本意 입학생'이라고 부르는데, 2013년에 긴키대학에서 자체적으로 입학생을 대상으로 앙케이트 조사를 실시해본 결과 무려 30퍼센트가 불본의 입학생이었다는 사실이 밝혀졌습니다.

이런 불본의 입학생도 적극적으로 수용하려는 긴키대학의 방침은 무척 철저합니다. 이를 위해 긴키대학은 매년 독특하고 화려한 입학식을 개최하는 것으로 유명합니다. 인기 음악 프로듀서를 섭외해 콘서트를 열기도 하고, 화려한 댄스 퍼포먼스를 선보이기도 합니다. 또 오사카의 명물로 손꼽히는 '쿠이다오레타로くいだおれ太郎(북을

치는 피에로 형태의 인형)'가 등장하기도 하고, 긴키대생으로 결성된 아이돌 유닛이 퍼포먼스를 하는 등 매년 7000명 이상이 이 성대하고 재미있는 입학식에 참여하고 있습니다.

긴키대학이 이토록 입학식에 공을 들이는 이유는 울며 겨자 먹기로 입학한 학생들도 긴키대학을 긍정적으로 받아들여, 이후 대학 생활에 최선을 다하게끔 만들기 위해서입니다. 그리고 이는 수험생들에게까지 영향을 미쳐 '군이 제2지망을 선택해 대학에 가야 한다면, 나는 실용 학문 교육에 강하고 즐거운 입학식이 있는 긴키대학에 지원하겠다'는 마음도 심어줍니다.

2등의 수익 창출 구조는
다르다

한편 긴키대학은 수익 창출의 구조를 변화시키는 데에도 심혈을 기울이고 있습니다. 예를 들어 일본 전역에서 가장 먼저 온라인으로 입시 지원 방식을 일원화한 식입니다. 이를 '환경 친화적 에코 시스템'이라고 이름 붙이고, 직접 방문하여 지원하는 대학보다 지원료를 획기적으로 낮췄습니다. 이에 따라 서류 처리에 드는 대학의 비용을 줄였고, 학생이 더 쉽고 간편하게 지원할 수 있도록 장벽까지 낮출 수 있었습니다. 수험생으로 하여금 제1지망에서 떨어졌을 때 가장 먼저 긴키대학을 떠올릴 수 있도록 만든 것입니다.

또 '칸칸도리츠' 대학에는 의학대학이 없지만, 긴키대학은 의학대
학과 대학병원을 모두 갖추고 있었습니다. 이러한 강점을 활용해 적
극적으로 민간 기업으로부터 연구 위탁을 받아냈고, 2014년에는 총
254건의 위탁 건수를 기록해 전국 1위를 차지하며 수익 구조를 다
양화했습니다.

구분	'칸칸도리츠'의 비즈니스 모델		'긴키대학'의 비즈니스 모델
고객 가치	· 일류 사립 대학 · 높은 브랜드 파워 · 경쟁률이 높아 입학이 어려운 학교	▶	· 중간급 사립 대학 · 실용 학문 교육으로 유명 · 제2지망 입학 학교 후보
경쟁 우위성	· 폭넓은 학부 구성 · 전통 있는 교풍	▶	· 실용 및 이과계열 중심의 학부 구성 · 즐겁고 쾌활한 교풍
수익 창출 구조	· 비교적 비싼 수업료 · 입학금 및 수업료 수입에 의존	▶	· 온라인 지원 제도로 수험료 인하 · 입학금 및 수업료 수입 · 의료 수입 · 전국 최고 수준의 의료 연구 기관

긴키대학의 비즈니스 모델을 '칸칸도리츠'라 불리는 4대 명문 사
립 대학과 비교해보면 위의 표로 정리할 수 있습니다. 이 둘을 비교
해보면, 확실히 전통 있는 학교로서의 강력한 브랜드 파워를 무기
로 한 4대 사립 대학과는 다른 방식으로 브랜딩 및 마케팅하고 있

음을 알 수 있습니다.

하지만 사실 여기까지만 봤을 때 이런 비즈니스 모델로는 입학생이 줄어들고 시장이 축소되는 환경에서 지속적인 차별화를 유지하기란 어려워 보입니다. 제2지망 학생을 타깃으로 두는 대학은 긴키대학 외에도 많을 것이고, 실용 학문을 전면으로 내세운 대학도, 즐겁고 쾌활한 교풍을 자랑하는 대학도 많을 것입니다. 조금 극단적으로 말해 명문 4대 사립 대학 외에는 정도의 차이만 있을 뿐, 다들 그런 점들을 어필하지 않을까 하는 생각도 듭니다.

긴키대학의 즐거운 입학식 문화나 교내 행사는 다른 대학에서도 마음만 먹으면 충분히 모방할 수 있습니다. 온라인 지원 방식 역시 현재는 일본 내 30퍼센트가 넘는 사립 대학들이 실시하고 있으며, 그중 40퍼센트 이상이 지원료를 할인해주고 있습니다. 간사이 지방에서는 특히 온라인 지원 제도가 빠르게 확산되어, 이미 40퍼센트 이상의 대학이 실시하고 있습니다. 이러한 전략 요소를 연결하는 것만으로는 지속적인 경쟁 우위를 확보하기가 어렵습니다.

실용 학문 교육이라는 강점을
돋보이게 만든 '참치 이야기'

바로 여기서 긴키대학이 새로운 브랜딩 전략으로 꾀한 요소(심볼릭 스토리)가 '참치 이야기'입니다. 긴키대학은 세계 최초로 참다랑어 완전 양식에 성공한 대학입니다. '완전 양식'이란 어미 생선을 산란시켜 부화 사육한 뒤 이를 재차 어미 생선으로 키운다는, 일명 '천연자원에 일체 의존하지 않는 양식법'을 말합니다. 1970년부터 관련 연구에 뛰어들었던 긴키대학 수산 연구소는 대부분의 다른 연구소들이 포기한 상황에서도 연구를 지속했고, 마침내 완전 양식의 결과물인 '긴키대 참치'를 선보일 수 있었습니다.

긴키대학의 초대 총장 세코 코이치世耕弘一의 말에 따르면, 실용 학문이란 "지금까지 없었던 독창적인 연구에 도전하는 것, 그리고 그 연구 성과를 사회에서 활용해 수익까지 올리는 것이다"라고 합니다. 실용 학문 교육이라는 긴키대학의 강점을 가장 잘 드러내고 상징하는 게 바로 이 참치 이야기인 것입니다.

'완전 양식 참치'라는 성과를 기초로 긴키대학은 2003년에 '주식회사 아마린 긴다이株式会社アーマリン近大'라는 교내 벤처 기업까지 설립해 완전 양식 참다랑어를 첫 출하했습니다. 그리고 2005년에는 NHK의 인기 다큐멘터리 프로그램「프로젝트 Xプロジェクトx」에 이 이야기가 다뤄지며 일약 유명세를 탔습니다.

2013년에는 '긴키대 참치'를 상표 등록한 뒤 도쿄 긴자와 오사카에 양식어 전문 레스토랑까지 열었습니다. '대학이 참치를 양식하고 레스토랑까지 열었다'는 소식은 '최근 참치 어획량이 감소하고 있다'는 당시의 뉴스와 맞물려 커다란 화제를 불러일으켰습니다.

실용 학문 교육을 강조하는
긴키대학
commons.wikimedia.org

긴키대학 수산 연구소가 운영하는
레스토랑
commons.wikimedia.org

한편 긴키대학은 참치를 전면에 내세운 광고 캠페인도 펼쳤습니다. 수조를 헤엄치던 참치가 굴뚝에서 튀어나오는 등 임팩트 있는 비주얼 광고를 통해 보는 이로 하여금 흥미를 자아냈습니다. 그 포스터에는 '고정 관념을 부수다'라는 문구도 함께 삽입되었습니다.

현재 긴키대 참치는 일반 슈퍼마켓에서도 판매되고 있으며, 다른 식품 회사와 레시피 연구 협업이 이루어지는 등 긴키대학의 제3의 수입원이 되고 있습니다.

전국 1위 지원자 수

일반적인 발상으로 긴키대학을 알린다고 하면, '종합 대학으로서의 다양한 모습'을 강점으로 어필할 것입니다. 하지만 긴키대학은 그러한 발상을 뛰어넘어 참치를 소재로 한 심볼릭 스토리를 구성해냈습니다.

결과적으로 긴키대학은 참치라는 상징물을 통해 '실용 학문 교육'이 가진 다양한 측면을 어필할 수 있었습니다. 즉, 효과적인 브랜딩에 성공한 셈입니다. 일찍이 양식 연구에 주목해온 선견지명, 참치의 완전 양식 성공으로 상징되는 세계적인 연구력, 여기에 학생이 직접 점포를 운영하도록 만든 실천적인 교육법이 하나로 뭉쳐져 사회 곳곳으로 전파되었습니다. 긴키대학에 대한 주목도는 양식 성공에만 머무르지 않았고, 의학 분야나 약학 분야에서도 각광받기 시작했습니다.

결과적으로 긴키대학의 이러한 노력은 지원자 수를 크게 늘리는 쾌거를 이룩했습니다. 2014년 기준 지원자 수는 10만 5890명에 달해 개교 이래 처음으로 전국 1위를 차지했습니다. 간사이 지방의 대학이 전국 1위를 차지한 건 해당 조사가 시작된 이래 처음 있는 일이었습니다.

전년까지 4년 연속 1위를 차지했던 메이지대학明治大學을 비롯해 간토 지방(도쿄를 중심으로 한 일본 제1의 중심 지역)의 명문 대학, 그리고 간사이 지방 내 4대 명문 사립 대학으로 꼽히는 '칸칸도리츠'를 누

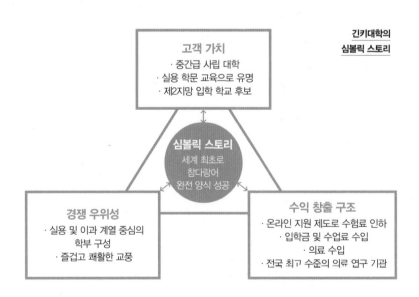

긴키대학의
심볼릭 스토리

고객 가치
· 중간급 사립 대학
· 실용 학문 교육으로 유명
· 제2지망 입학 학교 후보

심볼릭 스토리
세계 최초로
참다랑어
완전 양식 성공

경쟁 우위성
· 실용 및 이과 계열 중심의
학부 구성
· 즐겁고 쾌활한 교풍

수익 창출 구조
· 온라인 지원 제도로 수험료 인하
· 입학금 및 수업료 수입
· 의료 수입
· 전국 최고 수준의 의류 연구 기관

르고 경이적인 약진을 이루어냈으며, 이러한 흐름은 2015년에도 이어져 2년 연속 지원자 수 1위를 기록하기도 했습니다.

참치로 상징되는 긴키대학의 심볼릭 스토리는 '실용 학문 교육'이라는 경쟁 우위성을 강화함으로써 제2지망 지원자까지 포섭하는 고객 가치와도 연동되었습니다. 아울러 온라인 지원 제도 방식, 민간 기업과의 연구 협업이라는 새로운 수익 창출의 구조까지도 강화했습니다.

또한 지역 내 4대 명문 사립 대학과는 완전히 차별화된 비즈니스 모델을 바탕으로 기존의 경쟁 환경 구조에서 벗어났으며, 심볼릭 스토리로 경쟁자들의 모방을 어렵게 만들었습니다.

결국 긴키대학은 이 두 가지 요소를 멋지게 실현해 지역 내 4대 명문 사립 대학을 역전하는 데 성공했습니다. 가히 '비즈니스 전략'과 '이야기'의 멋진 융합이라고 할 수 있습니다.

v

진출

타니타의 직원 식당

평소 요리를 좋아하거나 다이어트에 관심이 있는 사람이라면 디지털 체중계 업체 타니타タニタ와 그 회사 안에 있는 직원 식당에 대해 들어본 적이 있을 것입니다. 현재 타니타는 각광받고 있는 심볼릭 스토리를 기반으로, 비즈니스 모델 자체를 변화시키기 위해 다양한 시도를 하고 있습니다.

1944년에 창립한 타니타는 체중계, 체지방계 등 건강 측정기 제조 분야의 선두 기업입니다. 원래 창업 당시에는 토스터나 라이터를 제조하는 회사였습니다. 그런데 1983년에 예상치 못한 대규모 적자를 기록한 뒤, 비즈니스 모델의 전면적인 변화를 도모하기 시작했습니다.

처음에는 체중계 제조 사업을 중심으로 재도약하기를 목표로 삼았지만, 안타깝게도 그때는 이미 전 세계적으로 체중계 시장이 성숙기에 접어들고 말았습니다.

게다가 당시 타니타는 일본 내에서는 일정한 시장 점유율을 보였지만, 세계 시장에서는 순위권 밖으로 뒤처진 상태였습니다. 그럼에도 타니타는 '건강 측정기 세계 1위 브랜드'를 목표로 변화를 모색해나갔습니다.

체지방계의
디지털화로
재도약을 꿈꾸다

우선 타니타는 사업의 포트폴리오부터 전면 개편에 착수했습니다. 기존에 주력했던 토스터 및 라이터 제조 사업 등에서부터 잇따라 철수를 시작했습니다. 그리고 디지털 방식의 체중계를 일본 내에서 최초로 출시하며 그 판로 확장에 주력했습니다. 아직 체중계 시장에서의 주력 상품이 아날로그 방식이던 때에, 디지털화에 대응할 수 있는 생산 체계를 일찍이 수립해 시장 점유율을 확대해나갔던 것입니다.

또 체지방을 측정하는 기기를 개발하여 1994년에는 가정에서도 손쉽게 사용할 수 있는 측정기를 출시했습니다.

사실 '체지방'이라는 말 자체도 타니타의 체지방계에서 유래된 용어입니다. 타니타는 디지털 체지방계라는 업계 유일의 기술력을 내세워 성장을 이어나갈 수 있었습니다.

그렇게 타니타는 사업의 범위를 '디지털 체지방계' 하나로 좁히고 새로운 기술에 투자하며 판매를 늘려나가는 비즈니스 모델을 실행함으로써 약진할 수 있었습니다. 마침내 1997년에는 그토록 염원하던 '건강 측정기 세계 1위 브랜드'라는 자리를 확보하는 데에도 성공했습니다.

이 시점에서 타니타가 실현한 첫 번째 비즈니스 모델의 변화는 다음의 표와 같이 정리할 수 있습니다.

구분	변화 이전의 비즈니스 모델		변화 이후의 비즈니스 모델
고객 가치	· 토스터, 라이터, 체중계 등	▶	· 디지털 방식의 체중계 · 체지방 측정
경쟁 우위성	· 토스터, 라이터 제조 기술 (저가 상품을 주력으로 내세웠으나, 100엔 라이터 등 초염가 제품의 등장으로 경쟁력 저하)	▶	· 디지털 방식, 저비용 생산 체계 · 체지방 측정 기술
수익 창출 구조	· 점포에서의 기기 판매(일본 내)	▶	점포에서의 기기 판매(전 세계)

직원부터
비만으로 만들지 않는
구내식당

　타니타의 비즈니스 모델 변화는 여기서 끝나지 않았습니다. 타니타는 체중계를 주력 상품으로 특화했으며, 디지털 방식이나 체지방계에 대해서는 생산 체계를 포함해 한 발 앞서 시장을 개척했습니다. 하지만 시장이 커지면서 경쟁사들이 하나둘 뛰어들기 시작했습니다. 해외 판로 역시 넓어졌지만, '기기 판매'라는 본업 자체가 바뀐 건 아니었습니다.

　이때 타니타는 '비만을 개선하는 직원 식당'이라는 심볼릭 스토리를 내세웠습니다. 사실 이는 의도한 건 아니었고, 우연히 발굴된 이야기였습니다.

　'타니타의 직원 식당'은 2009년 NHK 프로그램「샐러리맨 NEO サラリーマンNEO」에서 처음 다뤄지며 주목을 받았습니다. "체지방계를 만드는 회사에는 직원을 비만으로 만들지 않는 구내식당이 있다"라는 이야기로 세간의 평판을 얻은 게 계기였습니다.

　그리고 2010년에는 요리 서적『타니타 직원 식당』이 출간되어 큰 히트를 기록, 이후 다시 한 번 미디어의 관심을 끌며 유명세를 탔습니다. 더불어 2013년에는 인기 여배우 유카優香가 주연을 맡은 동명의 영화로도 제작되어 큰 인기를 얻었고 브랜드의 가치를 높일 수 있었습니다.

타니타는 이 직원 식당 이야기를 기반으로 삼아 비즈니스 모델의 두 번째 변화를 추진했습니다. 2012년 사무실이 밀집한 도쿄 마루노우치 지역에 '타니타 식당 제1호점'을 오픈한 것입니다. 이곳에서는 타니타가 직접 개발한 '살찌지 않는 메뉴'를 판매하는 것 외에도 자사의 각종 건강 기기 제품들을 전시해놓았습니다. 또 전문적인 카운슬러들을 배치해 체지방 측정과 다이어트 컨설팅까지 받을 수 있도록 했습니다.

브랜드의 경쟁 우위는 기존의 제품 생산 체계나 측정 기술에서 더 나아가 건강 개선에 대한 컨설팅 사업으로까지 확장되었습니다. 이에 따라 타니타는 체중계와 체지방계를 제조하고 판매하는 데 그치지 않고, 타 기업과 병원, 지방 자치 단체 등에서 식당 운영을 위탁받고, 푸드-헬스 투어 등의 연계 사업으로 비즈니스의 범위를 넓혀나갈 수 있었습니다. 제공하는 고객 가치 역시 기존과 크게 달라진 셈입니다.

또 수익 창출 구조 역시 점포에서 기기를 판매하던 단순한 구조를 넘어 식당 운영 위탁, 컨설팅 서비스 수입, 푸드-헬스 투어 연계 사업 등의 수익이 더해지면서 매우 다채로워졌습니다.

폐점되었던
구내식당의 부활

타니타의 직원 식당이 알려진 이후 변화한 타니타의 비즈
니스 모델을 정리하면 다음과 같습니다.

구분	직원 식당 홍보 이전		직원 식당 홍보 이후
고객 가치	· 디지털 방식의 체중계 · 체지방 측정	▶	· 디지털 방식의 체중계 · 체지방 측정 · **식당 운영** · **푸드-헬스 투어 등의 연계 사업**
경쟁 우위성	· 디지털 방식, 저비용 생산 체계 · 체지방 측정 기술	▶	· 디지털 방식, 저비용 생산 체계 · 체지방 측정 기술 · **건강 개선에 대한 컨설팅**
수익 창출 구조	· 점포에서의 기기 판매(전 세계)	▶	· 점포에서의 기기 판매(전 세계) · **식당 운영 위탁** · **연계 사업 수익**

타니타는 '직원 식당'이라는 심볼릭 스토리를 바탕으로 새로운 강
점을 드러낼 수 있었고, 이를 기반으로 삼아 고객 가치와 수익 창출
구조를 구축했습니다.
여기서 주목해야 할 사실이 하나 있습니다. 원래 이 직원 식당은
화제가 되기 전부터 타니타에 존재했다는 사실입니다.

타니타의 직원 식당이 완성된 건 1999년이었습니다. 그리고 그 전신은 타니타가 1990년에 설립한 회원제 센터 '베스트 웨이트 센터Best Weight Center'였습니다. 이는 의사, 헬스 트레이너, 영양 관리사가 상주하는 '일본 최초의 비만 관리 시설'이었습니다.

센터 안에는 수영장과 같은 각종 운동 시설이 완비되어 있었고, 칼로리 걱정 없는 식사를 제공하는 레스토랑을 이용할 수 있었으며, 전문가의 카운슬링도 받을 수 있었습니다. 이는 브랜드를 홍보하는 측면에서도 큰 주목을 받았습니다.

하지만 안타깝게도 이 사업은 적자가 이어지면서 1999년에 폐점이 결정되었습니다. 폐점을 결정한 1999년, 이 센터에서 일하던 영

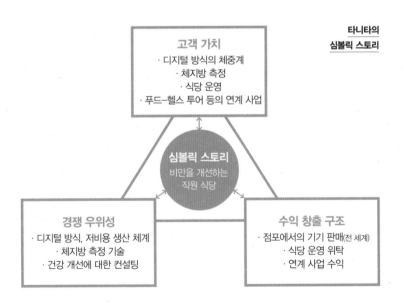

타니타의
심볼릭 스토리

고객 가치
· 디지털 방식의 체중계
· 체지방 측정
· 식당 운영
· 푸드-헬스 투어 등의 연계 사업

심볼릭 스토리
비만을 개선하는
직원 식당

경쟁 우위성
· 디지털 방식, 저비용 생산 체계
· 체지방 측정 기술
· 건강 개선에 대한 컨설팅

수익 창출 구조
· 점포에서의 기기 판매(전 세계)
· 식당 운영 위탁
· 연계 사업 수익

양 관리사들이 새롭게 근무할 수 있도록 시설을 만든 것이 바로 '타니타의 직원 식당'이었습니다.

그때부터 타니타는 '건강 개선에 관한 컨설팅 제공'이라는 고객 가치를 인식하고, 건강 개선 서비스로의 진출을 모색했습니다.

현재 타니타는 '건강을 측정하는 회사에서 건강을 만드는 회사로!'라는 캐치프레이즈를 내세우고 있습니다. 아울러 직원 식당 이야기를 기반으로 삼아 새로운 사업 진출에도 나서고 있습니다.

'베스트 웨이트 센터'가 있을 때부터 세운 비즈니스 모델과 '심볼릭 스토리'가 강하게 결부되어 타니타의 강점을 부각시키고, 고객 가치를 명확히 하며 새로운 수익 창출의 구조를 만든 셈입니다.

∨

생존

핑의 솔하임 박사

골프채 브랜드 중 핑Ping이라는 기업이 있습니다. 1959년 미국에서 설립된 이 기업은 일본 내에서의 시장 점유율이 그리 크지 않았고, 가격대도 드라이버 하나에 3만 엔(약 30만 원) 정도로 알려져 있습니다. 캘러웨이 Callaway, 테일러메이드TaylorMade 같은 골프채 브랜드와 비교하면 상당히 저렴한 가격대라고 할 수 있습니다.

하지만 핑은 자신들만의 심볼릭 스토리를 활용한 독자적 비즈니스 모델로 시장의 지위를 구축하고, 브랜드의 경쟁 우위를 유지하는 데 성공했습니다.

일본의 시장 조사 업체인 야노경제연구소에 따르면 일본에서의 골프 용품 시장 규모는 2500억 엔(약 2조 5000억 원) 정도로, 스포츠 용품 분야 중 최대 규모인 것으로 나타났습니다. 하지만 지금까지

스토리를 무기로 승자가 된 브랜드

일본 비즈니스계의 주축이 되어온 단카이 세대(1947~1949년에 태어난 일본의 베이비부머 세대로 1970~1980년대 일본의 고도성장을 이끌었다)가 정년 퇴직을 하면서 현재 일본의 골프 인구는 급감하고 있습니다.

골프 전성기였던 1992년에 약 1480만 명에 달하던 골프 인구가 2011년에는 약 800만 명이 되었습니다. 20년 동안 약 680만 명이 골프에서 멀어졌다고 추정할 수 있습니다.

한정된 시장 파이에 대한 쟁탈전이 그만큼 치열해지면서 핑 같은 소규모 브랜드는 훨씬 더 냉혹한 현실을 맞이했습니다. 나이키Nike 나 아디다스Adidas, 푸마Puma 같은 대형 스포츠 용품 브랜드가 골프 용품 시장에 잇따라 뛰어든 것도 경쟁 심화에 박차를 가한 계기가 되었습니다.

하지만 그러한 와중에도 핑이 독보적인 시장 지위를 확보해 살아 남을 수 있었던 건 창업자에 관한 심볼릭 스토리를 핵심으로, 독자 적인 비즈니스 모델을 실행했기 때문입니다.

독보적인 차별화 전략
'커스텀 피팅'

대형 골프 용품 브랜드는 압도적인 브랜드 파워를 기반으 로 폭넓은 제품군을 구비하고, 각 용품점의 매대를 지배합니다. 브랜드 파워가 있기 때문에 가격대도 비교적 높은 편입니다. 고가의 상품이 팔리는 건 점포 입장에서도 훨씬 좋은 일이기 때문에, 톱 브랜드에 대한 점포의 의존도가 높아지는 건 어찌 보면 당연한 일입니다. 그리고 브랜드 입장에서는 점포의 신선도를 유지하기 위해 빈번하게 신모델을 투입합니다. 구모델은 곧장 재고가 되어 각 점포는 가격 인하 정책을 실시합니다. 큰 폭으로 할인하여 재고를 털어내는 사이클이 가장 일반적인 방식으로 통용됩니다.

이에 반해 핑 같은 중소 브랜드는 브랜드 파워나 제품 개발, 물량 면에서 대형 브랜드에 쉽게 대항할 수 없었습니다. 또 기초 체력의 차이로 인해 할인 경쟁에 뛰어들기도 어려운 상황이었습니다. 핑이 일본 시장에서 생존하기 위해서는 어떻게든 각 점포에 전시장을 확보할 필요가 있었습니다.

여기서 핑은 대형 브랜드와는 완전히 다른 비즈니스 모델을 수립했습니다. 타깃층을 '기성 골프채에 불만을 가진 고객'으로 좁히고, '준 개조 서비스Semi-Customize Service'를 도입해 비즈니스 모델을 특화시킨 것입니다.

이는 한 명 한 명의 골퍼가 가진 체격이나 스윙의 특성에 맞게 세밀하게 골프채를 튜닝, 조립한 뒤 판매하는 전략이었습니다.

핑은 일본의 가전제품 소매 업체 빅카메라ビックカメラ, 니키골프二木ゴルフ 등의 특정 판매점과 제휴를 맺어 '핑 전용 피팅 스튜디오'를 점포에 개설했습니다. 이 스튜디오에서는 '핑이 공식 인정한 전문 피

터'들에 의해 측정 서비스를 받을 수 있습니다. 핑은 이를 '커스텀 피팅Custom Fitting'이라고 이름 붙였습니다. 고객은 이곳에서 약 한 시간 동안 자신의 키와 팔 길이, 손바닥 크기, 가장 긴 손가락의 길이 등 체격별 특징과 스윙 궤적 등을 측정받습니다.

또 고객이 자주 하는 버릇이나 습관 등도 세밀하게 청취한 뒤, 고객별 기록 카드를 작성합니다. 그 데이터를 바탕으로 클럽 선택에 대한 컨설팅을 제공하고, 최적의 헤드, 그립, 샤프트(골프 클럽의 헤드와 그립을 이어주는 막대 부분)를 조합시킨 골프채를 만듭니다. 도쿄 기타구에 위치한 핑 골프 재팬 주식회사의 전용 공장에서 이를 조립해 전국의 고객에게 배송하는 구조입니다.

고객의 입장에서 보면 정확한 측정과 충분한 시간을 들여 자신의 신체에 맞게 조립했기 때문에, 구입한 골프채에 대해 높은 만족감을 느낄 수 있습니다. 또 핑 입장에서 보면 주문이 들어가고 부품을 조합시키는 '소량 주문 생산 방식'을 시행할 수 있기 때문에 재고 부담을 안을 일도 없고, 구모델을 할인하여 판매할 리스크도 없습니다. 그 덕분에 가격을 비교적 저렴하게 유지할 수 있는 것입니다.

아울러 피팅 데이터를 확보한 고객으로부터 아이언, 드라이버, 페어웨이우드, 퍼터 등으로 주문의 폭을 넓히기가 용이합니다. 그런 고정 고객을 확보하는 일은 점포 측에게도 고객의 이탈을 막을 수 있다는 이점으로 작용합니다.

이렇게 핑은 사용자인 골퍼, 판매자인 소매점, 제조사라는 3자 간의 'Win-Win-Win' 관계를 구축하는 데 성공했습니다. 이에 따라 판매점으로부터 가격 인하 압력을 받지 않고, 수익성 악화의 원인이 되는 할인 판매 정책 또한 피할 수 있었습니다.

핑과 경쟁사의 비즈니스 모델을 비교해보면 다음과 같습니다.

구분	경쟁사의 비즈니스 모델		핑의 비즈니스 모델
고객 가치	· 점포에 입점한 기성품 중 선택 · 비교적 고가	▷	· 자신의 신체에 맞춰 조립 · 비교적 염가
경쟁 우위성	· 신모델을 연이어 출시하는 제품 개발력 · 유통 교섭력	▷	· 커스텀 피팅 노하우 · 소량 주문 생산 체계
수익 창출 구조	· 팔고 남은 구모델 할인 판매 · 재고 떨이가 필수	▷	· 측정 데이터를 기초로 크로스 판매 · 할인 판매 없음

솔하임 박사의
과학적 사상

핑의 비즈니스 모델 중에서 핵심에 자리한 것이 바로 '솔하임 박사의 과학적 사상'이라는 심볼릭 스토리입니다.

핑의 창업자인 카르스텐 솔하임Karsten Solheim 박사는 원래 GE의 엔지니어이자 아마추어 골퍼였습니다. 그는 본인이 어려워하는 퍼팅 문제를 극복하기 위해 자택의 차고에서 스스로 퍼터를 제작했습니다. 그리고 이렇게 제작한 퍼터가 훗날 '골프계의 명품'이라 불리는 '앤서Anser'였습니다. 이 제품은 퍼터 헤드의 토(헤드의 앞쪽)와 힐(헤드의 뒤쪽으로 채에 가까운 쪽)에 무게 중심을 고르게 배치하기 위해 헤드 뒷부분을 깎아내고, 스위트스폿(골프채에 공이 맞았을 때 가장 멀리, 가장 빠르게 날아가는 부분)을 확대한 것입니다. 출시 이후 앤서는 골프 클럽계에 일대 혁명을 불러일으켰습니다. 스위트스폿을 확대해 오타를 줄이고, 공을 홀 컵에 넣을 확률을 비약적으로 높인 것입니다.

이윽고 솔하임 박사가 제작한 퍼터는 프로 골퍼들 사이에서 큰 인기를 끌었고, 결국 1967년 '카르스텐 매뉴팩처링 코퍼레이션Karsten Manufacturing Corporation'을 창업하기에 이르렀습니다(당시만 해도 그는 GE에 근무하며 부업으로 골프채를 만들었는데, 3년 후 GE를 퇴사하고 본격적으로 사업에 뛰어들었다). 이것이 바로 현재의 핑이 되었습니다. 참고로 핑이라는 회사 이름은 공을 칠 때 나는 '핑' 하는 소리에서 본따 만들었다고 합니다.

세계 최초로 토-힐 밸런스 이론을 기반으로 제작된 '앤서' 퍼터는 50년 가까이 지난 지금까지도 퍼터의 표준으로 남아 있습니다. 솔하임 박사의 설계 완성도가 어찌나 높은지, 속칭 '핑 스타일'로 불리는 퍼터는 지금도 그 원형에서 거의 변함이 없다고 합니다. 현재도 핑의 특허 기술을 이용해 다양한 브랜드가 퍼터를 설계하고 제조해 판매하고 있습니다.

그가 초래한 혁명은 비단 퍼터뿐만이 아니었습니다. 토-힐 밸런스 이론을 더욱 발전시켜 세계 최초로 '캐비티 아이언Cavity Iron'까지 발명했습니다. 이 역시 오타를 줄이는 획기적인 클럽으로 잘 알려져 있습니다. 지금 우리가 손쉽게 칠 수 있는 골프 클럽을 갖게 된 건 모두 솔하임 박사 덕이라고 해도 과언이 아닙니다.

솔하임 박사는 스스로가 골퍼이자, '기성 골프채에 불만을 가진 소비자'였습니다. 따라서 '앤서'의 개발은 소비자들에게 제공하는 상품으로만이 아니라, 어디까지나 자신을 위한 도구라는 지점에서 출발했습니다. 엔지니어로서 그는 이렇게 생각했습니다.

> '체격, 헤드, 스피드 등 골퍼가 백이면 백 모두 다르기 때문에 클럽도 똑같아서는 안 된다. 사람을 도구에 맞출 것이 아니라, 도구를 사람에게 맞추어야 한다.'

이러한 심볼릭 스토리를 기반으로 한 핑의 경쟁 방식은 다음 페이지의 표로 정리할 수 있습니다.

핑은 시장에서 결코 대형 브랜드도, 리딩 컴퍼니도 아니었습니다. 유통 인센티브나 광고에 투여할 수 있는 자금에도 한계가 있어서, 경쟁사와 다른 방법으로 차별화된 브랜딩 전략을 고안해야 했습니다.

'준 개조 서비스'로 비즈니스 모델을 특화시킨 건 확실히 독특했

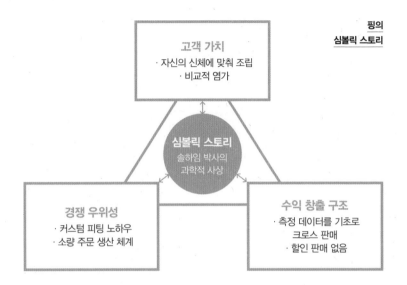

고객 가치
· 자신의 신체에 맞춰 조립
· 비교적 염가

심볼릭 스토리
솔하임 박사의
과학적 사상

경쟁 우위성
· 커스텀 피팅 노하우
· 소량 주문 생산 체계

수익 창출 구조
· 측정 데이터를 기초로
크로스 판매
· 할인 판매 없음

지만, 그렇다고 해서 개별적인 전략 요소가 타 브랜드에서 실현 불가능할 만큼 차별화되었다고 말할 순 없습니다. 하지만 '솔하임 박사의 과학적 사상'이라는 심볼릭 스토리가 뒷받침되어 독보적인 빛을 발할 수 있었습니다.

이 이야기를 바탕으로 핑은 새로운 비즈니스 모델을 구축해 경쟁사가 진입할 수 없도록 모방의 장벽을 높일 수 있었습니다.

핑의 퍼터
flikr.com © Guian Bolisay

이야기 없이도
강해질 수 있는가?

지금까지 살펴본 사례들을 통해 심볼릭 스토리의 전략적 활용이 비즈니스 경쟁에서 어떤 의미를 갖는지 이해했을 것입니다. 다만 여기서는 조금 역설적으로 '심볼릭 스토리 없이도 비즈니스 모델을 강화할 수 있을까?'라는 의문에 대해 좀 더 생각해보고자 합니다.

긴키대학이 실용 학문 교육을 어필하고 수험료만 할인했어도 지원자 수를 늘릴 수는 있었을 것입니다. 그리고 타니타는 직원 식당이 없어도, 건강에 대한 식견과 노하우만 잘 살리면 충분히 신사업을 전개시킬 수 있었을지도 모릅니다. 사실 타니타는 이미 '베스트 웨이트 센터' 사업으로 그 방식에 도전한 경험도 있으므로 서비스 내용이나 가격 설정, 홍보 여하에 따라 직원 식당 없이도 성공할 가능성이 있었습니다.

핑 역시 마찬가지입니다. 솔하임 박사의 과학적 사상 없이 '커스텀 피팅 서비스'를 제공하는 것만으로도 재구매 고객을 확보할 수 있었을 것입니다.

그렇다면 이러한 비즈니스 모델을 경쟁사가 모방했다면 어떤 일이 벌어질까요?

가령 전국적으로 명성이 높은 명문 사립 대학이 긴키대학처럼 '실용 학문 교육'을 내세우며 전면적인 경쟁을 선언한다면 어떻게 될까요? 타니타가 아닌 종합 건강 기기 브랜드와 대형 의료 법인이 식당 위탁 사업에 뛰어들었다면요? 핑보다 더 큰 스포츠 브랜드가 커스텀 피팅 서비스를 제공하겠다고 나선다면 어떤 일이 벌어질까요?

경쟁사가 풍부한 자금력과 인적 자원으로 밀어붙인다면 긴키대학이나 타니타, 핑 등이 당장은 조금 앞섰다고 해도 차별적인 브랜드 지위를 유지하기가 어려웠을 것입니다. 하지만 이들은 '긴키대 참치', '타니타의 직원 식당', '솔하임 박사의 과학적 사상'이라는 고유한 이야기로 독자적인 비즈니스 모델을 만들었고, 경쟁사와는 완전히 차별화된 포지션을 얻을 수 있었습니다.

긴키대학, 타니타, 핑은 업계가 전혀 달랐지만 하나같이 성장이 멈춘 시장에 있었습니다. 따라서 치열한 브랜드 경쟁 상황 속에서 '역전'이나 '생존'을 내걸고 타사와 차별화를 시도하거나, 새로운 시장에 '진출'할 필요가 있었습니다.

이러한 기업 및 조직은 비즈니스 모델의 요소만 바꾸는 게 아니라, 타사가 쉽게 흉내 낼 수 없는 심볼릭 스토리를 조합시켜 경쟁에 나서야 했던 것입니다.

　'비즈니스 모델의 각 요소가 심볼릭 스토리와 강하게 결부될 때, 모방이 어려운 경쟁 우위를 선점할 수 있다' 이것이 바로 심볼릭 스토리를 활용한 비즈니스 전략입니다.

SYMBOLIC STORY
STRATEGY

4^장

독보적 경쟁 우위를
만드는
스토리 전략

앞서 3장에서는 심볼릭 스토리를 활용해 역전하고 진출하며 생존한 실제 사례를 살펴보았다. 그렇다면 심볼릭 스토리라는 지렛대를 실제 경영 전략에 적용시켜 독보적인 브랜드로 자리매김하기 위해서는 어떻게 해야 할까? 이번 장에서는 심볼릭 스토리를 만드는 방법부터, 그 효과를 시험하고 검증하는 법, 그리고 비즈니스 모델과 연결할 수 있는 구체적인 방법을 단계별로 소개한다.

브랜드 스토리 전략을 만드는
3단계 공식

본질적으로 '브랜드가 최종적으로 지향해야 할 승리의 지점'이란 무엇일까요? 시장의 점유율을 빼앗고 매출을 올리는 것, 혹은 고객 만족도를 높여 경쟁사를 압도하는 것 등으로 생각해볼 수 있습니다.

하지만 그중에서도 가장 중요한 건 '지속적인 이익 창출'입니다. 브랜드가 고객으로부터 공감을 얻어 경쟁에서 승리했다고 해도, 수익을 내지 못한다면 아무런 의미가 없습니다. 또 일시적으로 큰 수익을 얻었다고 해서 그것을 승리라고 말할 수도 없습니다.

타 브랜드보다 경쟁 우위에 선 채 지속적으로 이익을 확보할 수 있는 상태가 유지되면 승리한 것이고, 그러지 못하면 냉혹하게 말해 패배한 것입니다.

앞서 살펴본 대로 각각의 전략 요소를 어떻게 조합시킬지에 관한 일종의 설계도가 '비즈니스 모델'입니다. 그리고 각 전략의 요소들을 차별화해 비즈니스 모델을 강화시키는 것이 심볼릭 스토리의 역할입니다.

이제부터 우리는 심볼릭 스토리를 '발견'하고, 그 힘을 '시험'해 비즈니스 모델과 '연결'해야 합니다. 바로 아래의 세 가지 단계가 스토리 전략을 만드는 과정입니다.

> 1단계: 이야기를 발견한다
> 2단계: 그 힘을 시험한다
> 3단계: 비즈니스 모델과 연결한다

이 세 가지 단계를 상세히 알아보겠습니다.

∨

1단계

이야기를 발견한다

약 10년 전 NHK에서 방영한 프로그램 「프로젝트 X」는 무척 큰 인기를 끌었습니다. 특정 기업의 제품 개발이나 생산 프로젝트 등을 다큐멘터리 형식으로 담아내 시청자들의 눈길을 사로잡았습니다. 이 프로그램의 주인공 대부분은 기술자나 사업체 책임자처럼 '현장에서 일하는 사람들', 다시 말해 '무명의 리더들'이었습니다.

인기 가수 나카지마 미유키中島みゆき가 부른 프로그램 주제곡 「지상의 별地上の星」의 한 가사처럼, 현장에서 고군분투하는 샐러리맨들, 일상 속의 어려움과 씨름하는 경영자들에게 정말로 큰 용기를 주는 프로그램이었습니다. 주제곡의 1절 가사에는 "지상의 별은 아무도 기억해주지 않아. 사람들은 그저 하늘만 바라볼 뿐"이라는 구절이 나옵니다.

창업자의 소회, 그동안 극복해온 여러 가지 고비들, 신제품 개발 과정에서 겪었던 수많은 실패와 시행착오, 서비스 현장에서 생긴 좌충우돌 에피소드, 특이하고 기발했던 직원들, 그리고 역대 경영자들이 남긴 주옥같은 명언들까지, 그야말로 「프로젝트 X」는 심볼릭 스토리가 될 만한 소재의 천국이었습니다.

심볼릭 스토리는 당연히 '지상의 별'입니다. 어떤 기업이든 반드시 '강점을 상징하는 이야기'가 있기 마련입니다. 다만 '지상의 별'처럼 그 가치를 제대로 알아보지 못하는 경우가 대부분입니다.

심볼릭 스토리로 추출할 수 있는 이야깃거리는 다양한 범위에 걸쳐 있습니다. 사람과 관련한 이야기, 제품에 얽힌 이야기, 고객과의 에피소드 등 그 소재는 유형에서부터 무형에 이르기까지 실로 다양합니다. 이러한 것들을 탐색하는 방법에는 크게 세 가지 접근법이 있습니다.

첫 번째는 '우리 브랜드가 배양해온 역사에서 추출하는 방법'입니다. 이 경우 회사의 역사든 연혁이든 관계가 없습니다. 우리 기업과 브랜드가 걸어온 발자취를 다시 한번 들여다보는 것만으로도 의외의 발견을 할 수 있습니다.

두 번째는 '회사의 각 부서와 직원들로부터 도출하는 방법'입니다. 연구 개발, 상품 기획, 생산, 물류, 판매, 영업, 고객 관리 부서에 잠들어 있는 이야기가 있을지 모릅니다.

세 번째는 '회사 밖 관계자에게 듣는 방법'입니다. 회사 안에 있다

보면 아무래도 객관적인 시각을 갖기 어려워 타사와 비교하는 시점 자체가 결여되기 쉽습니다. 거래처나 고객 등의 인터뷰를 통해 생각 지도 못한 매력이 도출되는 경우가 종종 있습니다.

이야기를
걸러내다

여기서 착각하기 쉬운 맹점이 하나 있습니다. 단순히 '좋은 이야기'가 심볼릭 스토리는 아니라는 점입니다. 그렇다면 시중에 넘쳐흐르는 '듣기 그럴싸한 이야기'와 '심볼릭 스토리'를 구분하는 방법은 무엇일까요?

일차적으로 선별할 수 있는 방법은 '보내는 이와 받는 이가 서로 Win-Win 할 수 있는 이야기인지를 확인하는 것'입니다. 여기서 보내는 이란 이야기를 발신하는 쪽, 즉 '기업과 브랜드'입니다. 그리고 받는 이란 이야기를 듣는 쪽, 그러니까 '고객'을 말합니다.

기업의 입장에서 'Win'이라는 것은 우리 브랜드가 내세우고 싶은 전략의 방향에 합치된 이야기여야 한다는 것입니다. 그 이야기를 비즈니스 모델의 핵심에 담았을 때 전략적 요소와 밀접하게 결부되어, 보다 강한 비즈니스 모델을 실현할 수 있는지 반드시 확인해보아야 합니다.

고객의 입장에서 'Win'이란 단적으로 '재미'를 뜻합니다. 재미있어서 무심코 다른 누군가에게 전하고 싶은 이야기인지를 판단해야 합니다.

물론 전하고 싶은 이야기가 꼭 재미있어야 한다는 말은 아닙니다. 이야기의 가치를 판단하는 건 어디까지나 그것을 듣는 쪽입니다.

앞서 2장에서도 말했듯이 '미디어화 된 개인'은 공유하고 싶은 '재미'를 갈구합니다. 독자성을 갖추었다고 해도 사람들의 흥미를 자아낼 수 없다면, 다른 사람들에게 전할 만한 가치 있는 심볼릭 스토리가 될 수 없습니다.

보내는 이의 전략에 합치되고, 받는 이가 다른 이에게 전하고 싶어지는 이야기야말로 브랜드와 고객 양자 간의 'Win-Win'을 충족시키는 심볼릭 스토리가 될 수 있습니다. 반대로 전략에 합치되지 않고 다른 이에게도 전하고 싶지 않은 이야기는 그저 '쓸모없는 이야기'에 불과합니다. 보내는 쪽이나 받는 쪽 모두에게 아무런 가치나 의미가 없는 정보인 셈입니다.

다음 페이지의 매트릭스는 이러한 기준을 통해 이야기를 걸러내는 프레임 워크로 작동합니다. 각각의 칸에는 구분이 쉽도록 이름이 붙여져 있습니다. 우리 브랜드의 전략에 합치되면서 다른 이에게 전하고 싶은 이야기는 심볼릭 스토리가 될 수 있습니다. 여기에 더해 네 가지 구분 중 다소 구분하기 모호한 '단편적 잡학'과 '자기 자랑'에 대해 자세히 알아보겠습니다.

전략의 방향에 합치되는가?

		Yes	No
다른 이에게 전하고 싶은가?	Yes	**심볼릭 스토리** 기업의 강점을 상징하는 이야기	**단편적 잡학** 화제는 되지만 보내는 이(기업)에게 무의미한 이야기
	No	**자기 자랑** 받는 이(고객)에게 실례가 되는 이야기	**쓸모없는 이야기** 보내는 이(기업), 받는 이(고객) 모두에게 아무런 가치가 없는 이야기

**심볼릭 스토리를
걸러내는 법**

단편적 잡학

　다른 이에게 전하고는 싶지만 브랜드의 전략적 방향에 합치되지 않는 이야기는 '단편적 잡학'이라고 부릅니다. 흥미로운 이야깃거리는 될 수 있어도, 그것이 자사의 전략 방침과 무관할 경우를 뜻합니다.

예를 들어 '해외 고객 확보'를 전략 방침으로 내걸은 호텔이 있다고 가정해보겠습니다. 그 호텔의 직원 식당이 '몸에도 좋고 맛도 좋다'는 평판을 얻었다면 어떨까요? 언뜻 듣기에 나쁜 이야기는 아닌 것처럼 들립니다. '좋은 서비스를 제공하기 위해서는 우선적으로 임직원부터 건강하고 맛있는 음식을 먹어야 한다'는 논리로 연결할 수도 있을 것입니다.

하지만 적어도 이 직원 식당의 이야기가 해외 여행객들이 호텔을 선택하는 데에 결정으로 영향을 미칠 강점이 되지는 않습니다. 바로 이런 요소들이 모두 '단편적 잡학'의 영역에 들어갑니다.

자기 자랑

'브랜드 전략에는 합치되지만 다른 이에게는 전하고 싶지 않은 이야기'는 '자기 자랑' 영역에 속합니다. 전략적으로 우리 브랜드가 꼭 전하고 싶은 이야기라고 해도 독자성이 결여되어 있거나 재미가 없으면 아무도 들어주지 않을 것입니다.

기업과 소비자를 연결하는 중심 매체가 매스 미디어였던 과거에는 기업이 '전하고 싶은 정보'를 그대로 전달하는 일이 어느 정도 가능했습니다. 하지만 현재는 소비자들 개개인이 하나의 미디어가 된 시대입니다.

아무리 '경쟁사 브랜드 제품보다 훨씬 더 맛있다!', '우리 직원들은 친절한 서비스를 제공한다!'라고 떠들어대도, 소비자의 귀에는 전혀 들어가지 않을 것입니다. 즉, 많은 이에게 공유되거나 확산되지도 않을 것입니다.

물론 그럼에도 불구하고 집요하게 계속 말한다면 언젠가는 이해해줄지도 모르겠습니다. 하지만 이러한 브랜드를 당신 주위에 있는 사람으로 바꿔서 생각해봅시다. 만일 자신의 실적이나 강점을 반복적으로, 그것도 매우 열심히 당신에게 이야기하는 사람이 있다고 칩시다. 그러면 어떨까요? 아마 '또 저런다'는 생각에 진저리를 치지 않을까요? 아무리 착한 사람이어도 자기 자랑을 마구 늘어놓는다면 좋은 인상을 주지는 못할 것입니다. "적당히 좀 해. 다른 사람에게 실례가 되는 짓 좀 하지 말라고"라는 악평을 들으며 도리어 이미지에 마이너스가 될지도 모릅니다.

언뜻 '아니, 이런 것도 모르는 회사가 있어?'라고 생각할지도 모르겠지만, 실제로 브랜드의 커뮤니케이션 활동을 살펴보면 그런 기본적인 것조차 지켜지지 않는 경우가 허다합니다.

혹시 '단편적 잡학'이나 '자기 자랑'이라도 노출하지 않는 것보단 노출하는 편이 낫다는 판단으로 불필요한 시간이나 예산을 쏟아붓고 있진 않은가요? 단편적 잡학이라도 미디어나 입소문으로 많이 다루어지면 그만큼 노출량을 늘릴 수 있을지도 모릅니다.

또 자기 자랑이라도 광고를 대량 투하하면 인지도는 얻을 수 있을 것입니다. 이는 노출량이나 인지도 확보를 목적으로 하는 광고, 홍보 등의 커뮤니케이션 분야 담당자에게는 중요한 성과라고 할 수 있습니다. 단기적인 측면에서는 완전히 쓸모없는 성과라고 폄하할 순 없는 것입니다.

하지만 그것이 기업의 비즈니스 모델을 강화하는지, 또 지속적으로 브랜드 경쟁에서 우위를 점할 수 있을지에 관한 시점으로 본다면 어떨까요? 아마도 귀중한 예산이나 시간을 투자할 대상으로 여겨지지는 않을 것입니다.

ˇ

그 힘을 시험한다

1단계를 통해 기업에 존재하는 다양한 이야기 중 심볼릭 스토리의 후보가 될 수 있는 이야기를 추려냈다면, 이제는 구체적으로 그이야기를 이미지화해보아야 합니다.

제아무리 좋은 심볼릭 스토리의 소재라도 해도, 그것이 경영 자원으로써 우리 브랜드의 경쟁 우위 확보에 얼마나 공헌할 수 있는지, 또 그 이야기 속에 다른 이에게 전하고 싶은 요소가 제대로 갖춰져 있는지, 즉 이야기가 가진 힘을 정밀하게 조사하고 평가해야 할 필요가 있습니다.

이번 2단계에서는 'VRIO 분석'과 '신화적 이야기의 특징'이라는 두 가지 테스트를 통해 이야기가 가진 '자원으로써의 힘'과 '이야기로써의 힘'을 각각 검증해보겠습니다.

자원으로써의 힘을 검증하는
'VRIO 분석'

브랜드 경영 자원으로써의 힘을 검증하기 위한 프레임 워크로는 '자원 기반 전략론' 연구로 널리 알려진 오하이오 주립대학의 제이 바니 교수Jay Barney가 제창한 'VRIO 분석'을 활용할 수 있습니다.

VRIO 분석은 기업이 가진 경영 자원을 분석하기 위해 개발된 프레임워크입니다. 아래 네 가지 관점을 필터로 사용해 '우리 기업이 보유한 경영 자원에 가치나 희소성이 있는지', '경쟁사로부터 모방될 가능성이 있는지', 그리고 '그 경영 자원을 조직 구성원들이 제대로 활용할 수 있는지'를 판단해보겠습니다.

① Value(경제적 가치)

② Rarity(희소성)

③ Inimitability(모방 가능성)

④ Organization(조직적 활용)

이야기가 경영 자원으로써 가진 힘을 알아보기 위해서는 이 VRIO 프레임워크를 통한 테스트가 꽤 유효합니다. 심볼릭 스토리의 후보가 되는 이야기 각각에 VRIO를 적용하여 그것이 경쟁 우위로 이어질 수 있는지 검증해봅시다.

① Value(경제적 가치)

시장에서 그 이야기가 경제적인 가치를 창출해낼 수 있는지 분석해봅니다. 그 이야기를 들으면 고객의 구매 의욕이 높아질지, 우리 브랜드의 제품을 구매할 만한 가치를 느낄 수 있는지를 따져보는 작업입니다. 이야기를 들은 후에도 고객의 행동이 바뀌지 않는다면 별다른 가치가 없는 이야기라고 볼 수 있습니다.

② Rarity(희소성)

그 이야기가 시장에서 희소한지를 분석해봅니다. 그것이 정말로 우리 브랜드만이 가진 독자적인 이야기인지, 경쟁사에 비슷한 홍보 전략이 없는지를 체크해보는 작업입니다. 정보 과잉의 시대에 만약 희소성이 떨어지는 이야기를 내세운다면 자연스럽게 시장에서 묻히고, 고객이 그 브랜드를 선택할 이유가 되지 못할 것입니다.

③ Inimitability(모방 가능성)

그 이야기가 모방, 즉 경쟁 브랜드가 흉내 내기 어려운지를 분석해봅니다. 예를 들어 훌륭한 서비스의 감동적인 이야기는 서비스 업계에서 자주 사용하는 시나리오입니다. 즉, 어딘지 모르게 비슷한 이야기를 들어본 적 있는 것 같습니다. 타 브랜드에서 모방하기 쉬운 이야기는 당장은 독자적인 이야기라고 생각할 수 있어도, 금세 경쟁 상황에 내몰리게 될 것입니다.

④ Organization(조직적 활용)

그 이야기를 조직 구성원 전체가 효과적으로 활용할 수 있는지를
분석해봅니다. 아주 매력적인 이야기라고 해도 조직 체제가 정비되
지 않았다면, 그것이 현장에서 재현되기 힘들고 비즈니스 모델 전체
를 강화시키는 방향으로 이어지기 어렵습니다.

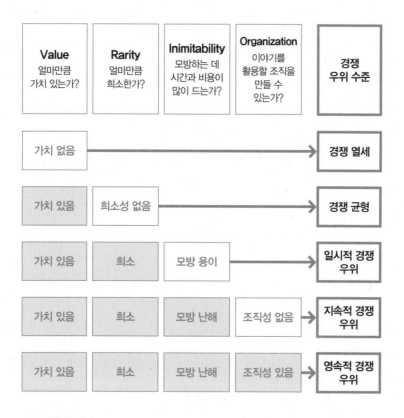

VRIO 분석의 단계

'노드스트롬 백화점의 타이어 이야기'는 철저한 고객 중심 서비스에 기반하고 있으며, 실제로 조직 구성원 전체가 그러한 신념과 마음가짐으로 일하고 있기 때문에 전략적인 심볼릭 스토리로 작용할 수 있었습니다. 만일 그 이야기를 실현할 조직이나 체계가 없다면, 비즈니스 모델의 경쟁력을 강화시키는 중심축으로 작용하기 어렵습니다.

앞선 표에서 가리키는 대로 'V(Value), R(Rarity), I(Inimitability), O(Organization)'라는 네 가지 단계를 모두 만족시키는 이야기가 브랜드 경쟁 우위를 점하고, 브랜드를 영속하게 만드는 경영 자원이 될 수 있습니다.

'이야기로써의 힘'을 검증하는 영웅의 여정

그다음으로는 선별된 이야기가 사람을 매료시키는 힘, 즉 '이야기로써의 힘'을 지니고 있는지 검증해봐야 합니다.

사람은 대체로 어떤 이야기에 재미를 느끼고 매료될까요? 그리고 어떤 이야기를 다른 사람에게 전하고 싶어 할까요? 그런 매력적인 이야기의 공통분모를 처음 끄집어낸 이가 미국이 낳은 세계적인 비교신화학자 조지프 캠벨Joseph Campbell 교수입니다.

인류에 의해 계승되어온 이야기는 오래전부터 '신화'라고 불리며 꾸준히 전승되어왔습니다. 신화는 사람들에게 용기를 북돋아주고, 삶을 살아갈 힘을 심어줍니다. 조지프 캠벨 교수는 이러한 신화 속에 일정한 법칙이 있다는 사실을 발견해냈습니다. 그리고 이 법칙을 '영웅의 여정Hero's Journey'이라고 이름 붙였습니다.

그는 매력적인 이야기란 "주인공의 부족한 부분을 메우는 모험이며, 만일 모험을 시작했다면 그 부족한 부분을 메우고 되돌아오는 구조로 이루어졌다"라고 주장합니다. 구체적으로는 다음의 표와 같

장면	내용
일상	주인공은 일상적인 삶을 살고 있지만 어떤 불만을 갖고 있다.
분리	그러던 중 주인공은 어떤 사건에 의해 일상(평범함)에서 멀어진다.
패배	주인공이 가진 어떠한 결점으로 인해 주인공은 일시적으로 패배한다.
시련	하지만 주인공은 자신의 결점을 극복하거나 성장한 뒤 적을 향해 최후의 도전에 나선다.
승리	주인공은 혹독한 시련을 거치며 마침내 승리한다.
귀환	그렇게 또 한 번 성장한 주인공은 다시 일상으로 돌아간다.

신화 속 영웅의 여정

은 흐름으로 여정이 시작되고 완결됩니다.

이러한 신화 속 영웅의 법칙은 미국의 영화감독인 조지 루카스 George Lucas에게까지 이어져 세계적인 히트 영화 「스타워즈」의 각본에도 활용되었다고 합니다. 주인공인 루크 스카이워커는 다양한 캐릭터와 얽히고설키면서 '분리 → 패배 → 시련 → 승리 → 귀환'이라는 과정을 거칩니다. 또 다른 세계적 히트작으로 손꼽히는 조앤 K. 롤링Joan K. Rowling의 『해리포터』 시리즈 역시 거의 동일한 구조를 띠고 있습니다.

이렇듯 주인공들은 결코 완전무결하지 않고, 어딘가 결점을 갖고 있습니다. 바로 이 점이 보는 사람으로 하여금 깊게 공감하게 하고 감정 이입하게 만듭니다. 또 주인공들은 자신의 결점을 다양한 국면에서 타개하고 성장하면서 목표에 도달합니다. 그리스 신화나 「스타워즈」, 『해리포터』 등 많은 이가 공감하고 수용하는 이야기 속에는 이와 같은 공통점이 있습니다.

그리고 이 법칙은 심볼릭 스토리에도 적용할 수 있습니다. 예를 들어 일본의 전자 기기 업체 샤프シャープ의 액정 개발 비화를 같은 법칙으로 검증해보면 다음 페이지의 표와 같습니다.

여러분도 회사에 잠들어 있는 이야기를 발굴해 그것을 '영웅의 여정'이라는 프레임에 적용해보기 바랍니다. 만약 일상에서 귀환까지 전 요소를 그려낼 수 있다면, 그 이야기의 힘은 실로 강력할 것입니다.

장면	내용
일상	액정 개발 프로젝트 팀의 리더였던 와다 후미오和田富夫는 벽걸이형 텔레비전 개발 프로젝트에서 실패를 거듭했다. 이후 서류 정리와 같은 업무를 담당하는 한직으로 좌천되어 힘든 시간을 보냈다.
분리	어느 날 그는 미국의 전자 기업 RCA사의 액정 소재를 접하고, 이를 잘 활용하면 벽걸이형 텔레비전을 만들 수 있겠다고 생각했다. 이후 그는 경영진에게 재차 개발 허가를 요청했고, 1969년 샤프(당시 하야가와전기)에서 액정 패널 연구를 시작했다.
패배	하지만 당시 회사는 전자식 탁상 계산기 개발에 주력했기 때문에 액정 프로젝트는 사내 우선순위에서 밀렸다.
시련	당시 액정의 한계는 표시 속도가 느리다는 것, 그리고 수명이 짧다는 것이었다. 그 결점을 극복하지 못한 채 실험은 연거푸 실패로 끝났다.
승리	그러던 어느 날 와다는 실험용 액정을 정리하는 일을 잊고, 시험 삼아 불순물이 들어간 액정에 교류 전기를 흘리는 실험을 했다. 그러자 반응 속도가 빨라졌고, 게다가 장시간 이용이 가능하다는 사실을 알아냈다. 이후 이루어진 상용화 실험 역시 성공을 거두었다.
귀환	액정을 조합한 전자식 탁상 계산기와 벽걸이형 텔레비전이 발매되어 대히트를 기록했다. 어느새 빼앗겼던 시장 점유율 1위 자리도 탈환할 수 있었다. 이로 인해 액정 개발팀은 회사의 영웅이 되었다.

'샤프'의 액정 개발 프로젝트 속
영웅의 여정

영웅의 여정을 구현해
세계적 인기를 모은 영화
「스타워즈」

∨

3단계

비즈니스 모델과
연결한다

지금까지 두 가지 단계를 거쳐 심볼릭 스토리를 추출해보았습니다. 그렇다면 이번에는 이를 비즈니스 모델과 연결시켜야 합니다. 3단계에서는 심볼릭 스토리가 비즈니스 모델에 적합한지를 확인하는 과정과 그때 체크해야 할 요소들을 알아보겠습니다.

적합성1.
전략 요소가 이치에 맞는가?

우선 우리 브랜드가 생각하는 전략을 비즈니스 모델에 대입시켜봅니다. 즉, '고객 가치'와 '경쟁 우위성', '수익 창출 구조'를 구체적으로 그려보아야 합니다. 이후 두 가지 테스트를 통해 그 적합성을 체크해봅니다.

첫 번째는 '논리성 테스트'입니다. 세 가지 전략 요소의 조합이 논리적으로 이치에 맞는지 여부를 확인하는 과정입니다. 전략 요소가 이치에 맞으면 마치 물 흐르듯 하나의 이야기로 자연스럽게 이어집니다. 앞서 살펴본 핑의 이야기를 예로 살펴보겠습니다.

> '핑은 골퍼의 신체나 다름없는 맞춤형 클럽을 비교적 염가에 판매한다. 이를 위해 독자적인 커스텀 피팅 기술과 소량 주문 생산 체계를 구축했다. 이렇게 측정된 데이터를 기반으로 다른 클럽의 주문도 얻고, 준 개조 서비스 덕분에 할인 판매를 하지 않아도 된다. 비교적 염가임에도 재구매 고객을 확보할 수 있어서 가격 인하 정책을 피할 수 있고, 일정한 수익성도 확보할 수 있다.'

두 번째는 '숫자 테스트'입니다. 이 줄거리로 수익을 얼마나 올릴 수 있는지, 사업의 실현 가능성을 검증해보는 것입니다. 제아무리 내용 자체가 듣기 좋아도 고객이 얼마나 존재하는지, 경쟁 우위는 어느 정도이며, 결과적으로 얼마만큼의 수익을 올릴 수 있는지를 구체적인 수치로 시뮬레이션할 수 없다면, 전략 방침으로는 실격이나 다름없습니다.

고객 가치를 실증하기 위해서는 시장 조사, 소비자 조사라는 뒷받침 자료가 반드시 필요합니다. 경쟁 우위를 실증하기 위해서는 경쟁사 분석이 빠질 수 없으며, 수익 창출의 구조를 실증하기 위해서는 매출 시뮬레이션이나 제품 개발, 제조, 점포 개설 등의 견적도 요구됩니다. 이 같은 숫자 테스트를 통해 비즈니스 모델로서의 실현 가능성을 높일 수 있습니다.

적합성2.
이야기와 비즈니스 모델이
하나로 이어지는가?

이어서 우리 브랜드의 비즈니스 모델에 심볼릭 스토리를 대입해봅니다. 각각의 전략 요소와 밀접하게 연관된 이야기라면 비즈니스 모델과 적합하게 맞아떨어질 것입니다.

여기서 가정 먼저 체크해야 할 점이 있습니다. 바로 '○○(이야기)로 상징되는 것처럼 ○○(전략 요소)이다'라는 문장이 성립되는지를 확인하는 것입니다. 예를 살펴보겠습니다.

'긴키대학은 세계 최초의 양식 참다랑어 연구로 상징되는 것처럼 실용 학문 교육에서 성과를 올리고 있다.'

'긴키대학은 세계 최초의 양식 참다랑어 연구로 상징되는
것처럼 실용 학문, 이과 계열 중심의 학부가 경쟁력 있다.'
'긴키대학은 세계 최초의 양식 참다랑어 연구로 상징되는
것처럼 외부로부터 수많은 연구 안건을 수탁하고 있다.'

간단한 줄거리만으로도 각각의 전략 요소가 연결되어 있을 뿐 아
니라, 그러한 것들이 심볼릭 스토리로 인해 보강되고 독자성을 가지
면서 경쟁사가 쉽게 모방할 수 없다는 사실을 알 수 있습니다.

적합성3.
전략 옵션을
생각할 수 있는가?

그다음으로는 전략의 옵션을 생각해봅시다. 간단히 말해
'○○가 있으면 ○○도 할 수 있지 않을까?'라는 생각을 의미합니다.
비즈니스 모델의 한가운데에 심볼릭 스토리를 넣어 주위의 전략
요소가 더욱 타사와 차별성을 가질 수 있는지 모색해보는 것입니다.
그리고 이야기를 기반으로 삼아 비즈니스 모델을 '강화'하고 '진화'
시킬 수 있는 가능성 또한 검증할 수 있습니다.
타니타는 비즈니스 모델 한가운데에 '비만을 개선하는 직원 식당'

을 두는 것만으로도 경쟁 브랜드와 차별화가 가능했습니다. 하지만 타니타는 그에 머무르지 않고 이야기를 기반 삼아 비즈니스 모델을 재검토하였습니다. '비만을 개선하는 직원 식당이 있으면 ○○도 할 수 있지 않을까?'라고 생각한 것입니다.

> '비만을 개선하는 직원 식당이 있으면 식당 운영을 위탁할 수 있지 않을까?'
> '비만을 개선하는 직원 식당이 있으면 건강 개선에 관한 컨설팅을 강점으로 내세울 수 있지 않을까?'
> '비만을 개선하는 직원 식당이 있으면 타사의 다이어트 음식이나 헬스-투어 등과 연계해 사업을 확장할 수 있지 않을까?'

다음 장에서 구체적으로 다룰 덴카노야마구치でんかのヤマグチ도 이야기를 기반으로 전략 요소를 바꾸는 데 성공한 케이스입니다. 덴카노야마구치는 도쿄 마치다시에 있는 전자제품 판매점입니다. 고객들에게 '멀리 사는 친척보다 더 가까운 야마구치'라고 불릴 만큼 압도적인 서비스를 강점으로 내세워 수많은 에피소드를 만들어냈고, 이를 비즈니스 모델 한가운데에 두고 있습니다.

덴카노야마구치는 '멀리 사는 친척보다 더 가까운 야마구치라면, 우리가 파는 제품을 군이 전자제품으로 국한시킬 필요는 없지 않을까?'라고 생각했습니다. 그래서 고객이 곤란한 상황에 처하면 지붕 처마를 청소해주거나 출입문을 수리해주는 건 물론이고, 쌀이나 참기름, 더 나아가서는 신발 속에 넣는 깔창까지 들여와 판매했습니다. 당연히 이야기를 기반으로 전략을 바꾸어 주위의 대형 전자제품 할인점에서는 결코 흉내 낼 수 없는 비즈니스 모델을 실현했습니다.

지금까지 살펴본 세 가지 적합성 요소들을 따져보는 것만으로도 경쟁 브랜드가 쉽게 모방할 수 없는 비즈니스 모델을 구축할 수 있습니다.

비즈니스 모델의
올바른 정의

사실 이번 장에서 설명한 검증의 순서는 하나의 이상적인 과정이자 흐름입니다. 분명 누군가는 '그렇게 쉽게 비즈니스 모델을 그릴 수 있겠느냐?'라고 푸념할지도 모르겠습니다. 하지만 생각만 하기 보다는 직접 한 번 시도해보기를 권합니다. 모든 전략 방침이나 비즈니스 모델의 변화가 꼭 어려운 경영 이론이나 복잡한 분석에서 비롯되는 것은 아니기 때문입니다.

'이렇게 하면 더 잘되지 않을까?', '이렇게 해보면 더 재미있지 않을까?' 하는 생각으로 시뮬레이션해보기 바랍니다. 이 순서대로 생각하다 보면 보다 명확하게 브랜드의 방향성을 그릴 수 있을 것입니다.

물론 비즈니스를 실제로 실행할 때에 구성 요소마다 어긋남이 발생할 수 있습니다. 그때는 전략 요소와 이야기 사이의 연결성을 검토해보아야 합니다. 그러면 무엇을 바꿔야 하는지 쉽게 알 수 있습니다. 어떤 구성 요소를 어떻게 조정해야 할지 복합적으로 검증할 수 있는 것입니다.

조안 마그레타는 자신의 논문 「비즈니스 모델의 올바른 정의」에서 다음과 같은 말을 남겼습니다.

> "경영자가 사업 체계 전체가 어떻게 기능할지 보여주는 비즈니스 모델을 바탕으로 사업을 운영한다면, 모든 결정이나 발안, 사전 조사가 의미 있는 피드백을 초래할 것이다. 그리고 이 같은 점을 염두에 두고 비즈니스 모델을 구축하는 건 경영상의 과학이라 할 수 있다. 일단 가설에서 출발해 실험으로 검증하고, 필요에 따라 수정하는 순서로 이루어지기 때문이다."

SYMBOLIC STORY STRATEGY

5 장

브랜드 고유의
스토리를
발견하는 법

앞서 4장에서는 심볼릭 스토리의 후보들을 걸러낸 뒤 그 힘을 검증하고, 비즈니스 모델에 대입시키는 방법을 실패보았다. 이번 장에서는 조금 더 구체적으로, 심볼릭 스토리의 후보가 될 만한 이야기를 어떻게 발굴하는지, 세 가지 유형의 자원과 함께 유형별 심볼릭 스토리가 브랜드의 이미지에 초래하는 긍정적인 효과에 대해 알아보겠다.

∨

회사에 잠들어 있는
3가지 이야기

지금까지 이 책을 읽은 분 중에는 여전히 '그런 이야기는 역사가 오래되고 업계에서 지위가 높은 대기업에만 있을 뿐, 역사가 짧고 규모도 작은 우리 회사에는 없어'라고 생각하는 분들이 있을 것입니다. 하지만 그런 오해야말로 기업이 심볼릭 스토리를 경영 자원으로 활용하지 못하게 만드는 가장 큰 심리적 방해물입니다.

그동안 우리는 수많은 기업의 심볼릭 스토리를 발굴해내고 이를 활용한 브랜딩 프로젝트를 진행해왔습니다. 이들 기업은 모두 독자적인 이야기를 찾아 널리 알리고, 이를 통해 비즈니스 모델을 강화하고 싶다는 공통된 바람을 갖고 있었습니다.

사실 클라이언트 대부분은 유서가 깊은 기업이나, 업계를 대표하는 1등 기업, 혹은 독자적인 기술력을 보유한 강소 기업이었습니다.

1 3 5

하지만 심볼릭 스토리를 발굴하기 위해 그들의 의견을 들어보면, 거의 대부분이 "우리 회사에는 그런 이야기가 없는 것 같다"라고 말했습니다.

A기업에는 기업의 이름을 만든 배경에 특별한 이야기가 있었지만, 그 유래를 정확하게 설명할 수 있는 직원이 없었습니다. B기업에는 오랜 역사를 가진 로고가 있었지만, 임원들조차도 그 로고의 의미를 알지 못했습니다. 회사 이름이나 로고에는 대부분 그 기업의 창업 정신이 담겨 있습니다. 말하자면 가장 알기 쉬운, 대표적인 상징이나 다름없습니다. 하지만 그런 기본적인 내용조차도 직원들이 제대로 파악하지 못하는 게 실상입니다.

물론 여기에는 여러 가지 이유가 있습니다. 관리 업무를 담당하는 부서 자체가 아예 없거나, 회사에 그런 문화를 계승해나가는 체계가 갖춰지지 않은 경우, 혹은 대규모 조직 개편으로 인해 그런 기회조차 소멸되어버린 경우가 그렇습니다.

그리고 또 하나, 우리가 많은 기업을 컨설팅하며 깨달은 결정적인 이유가 있었습니다. 바로 직원들 자신도 모르는 사이에, 그런 상징적이고 독특한 이야기에 익숙해져버린 탓이었습니다. 대부분의 경우 이야기가 없는 게 아니라, 이야기를 잊고 있거나 인지하지 못하고 있는 상태였습니다.

앞서 1장을 들어가기 전에 설명한 내용처럼 나뭇가지도, 역 승강장도, 손바닥도 하나같이 익숙한 소재입니다. 심볼릭 스토리를 발견한다는 건 '지금까지 없던, 완전히 새로운 것을 창조하는 일'이 아닙니다. 기존의 로고나 회사 안에서 떠도는 이야기, 그동안 당연시해온 기술이나 조직 문화 등 이미 회사에 존재하는 수많은 이야기 중 하나를 발굴하는 것입니다. 그러한 사실을 다시 한번 되돌아보고, 자원으로의 가치를 발굴할 수 있다면 그것만으로도 충분합니다.

심볼릭 스토리의 내용은 기업에 따라 천차만별입니다. 또 어떤 효과를 기대할 수 있는지는 경쟁 환경이나 전략 방침에 따라 완전히 다릅니다. '이렇게 하면 좋은 이야기를 발견할 수 있다'는 절대 법칙이나 성공 방정식 따위는 없습니다.

하지만 우리는 이번 장에서 그 비법이나 노하우를 소개해보려고 합니다. 이런 것들은 모두 실무적인 경험을 통해 도출해낸 방법입니다. 심볼릭 스토리를 찾기 위한 하나의 '가이드'라고 할 수 있습니다.

가이드의 포인트는 '이야기를 크게 세 가지 유형'으로 분류해보는 것입니다. 우리 회사의 심볼릭 스토리를 찾고자 한다면, 이런 관점으로 한번 적용해보기 바랍니다.

- 심볼릭 스토리의 소재 유형

① 인적 자원: 창업자, 기술자, 고객 등

② 물적 자원: 제품, 기술, 서비스 등

③ 조직 자원: 업무 프로세스, 운영 시스템, 기술 혁신 등

심볼릭 스토리의 세 가지 유형은 '인적 자원', '물적 자원', '조직 자원'입니다. 우선 '인적 자원'이란 창업자나 전설적인 기술자, 저명한 고객 등에 관한 이야기입니다. 두 번째로 '물적 자원'이란 시대를 선도하고 세상을 변화시킨 제품이나 놀랄 만한 기술, 서비스 등에 관한 이야기입니다. 마지막으로 '조직 자원'에 관한 이야기란 독자적인 업무 프로세스, 운영 시스템, 기술 혁신 등을 의미합니다. 이와 같은 관점에 따라 회사가 가진 자원을 재검토해본다면, '우리 회사의 강점을 상징하는 이야기'도 그만큼 발굴해내기 쉬워질 것입니다.

이번 장에서는 유형별 이야기와 함께 그것을 효과적으로 활용한 기업들의 실제 사례를 소개하겠습니다. 이를 통해 각 유형의 심볼릭 스토리가 갖는 효과의 차이 또한 확인해볼 수 있습니다.

인적 자원

누가 브랜드를
대표하는가?

'인적 자원'을 소재로 한 심볼릭 스토리란 창업자나 기술자, 임직원, 고객 등 주로 '사람'에 관련한 이야기를 뜻합니다. 앞서 다룬 골프 용품 업체 '핑'의 창업자 '솔하임 박사'의 이야기가 바로 인적 자원을 활용한 심볼릭 스토리의 사례입니다.

인적 자원을 활용한 이야기는 매우 힘이 셉니다. 사람들은 창업자의 신념이나 열정, 의지에 관한 이야기에 깊게 감동하기 때문입니다. 어떤 기업이든 창업에 관련된 에피소드가 있을 것입니다. 그 이야기는 다른 기업과 절대로 같을 수 없기에, 그만큼 고객의 마음속에도 독보적인 인상을 남길 수 있습니다.

그럼 지금부터 인적 자원을 소재로 한 심볼릭 스토리의 사례를 살펴보겠습니다.

일본 위스키의
아버지

　　NHK에서 방영한 아침 드라마 「맛상マッサン」 속 주인공의
모델로 알려진 다케쓰루 마사타카竹鶴政孝의 이야기는 대표적인 인
적 자원 유형의 스토리입니다.
　　닛카 위스키ニッカウヰスキー의 창업자이자 산토리 위스키サントリーウィ
スキー의 책임 개발자였던 다케쓰루는 영국에 있을 당시 위스키 제조
에 관한 노하우를 완벽히 익혔습니다. 이에 대해 영국의 크리스토퍼
흄Christopher Hum 외무부장관은 이런 평을 남기기도 했습니다.

　　　"지구 반대편에서 온 청년이 만년필과 노트만으로 위스키
　　　제조 기술의 비밀을 전부 훔쳤다."

　　이 같은 능력을 높이 평가한 산토리의 토리이 신지로鳥井信次郎 사
장은 1923년에 다케쓰루를 산토리의 전신인 고토부키야寿屋에 입
사시켰습니다. 그리고 이듬해, 오사카 야마자키 일대에 일본 최초의
위스키 증류소를 완성시켰습니다. 1929년에 일본 제1호로 발매된
'산토리 위스키 시로후다'는 바로 이곳에서 완성된 제품입니다. 이
후 고토부키야를 퇴사한 다케쓰루는 1940년에 직접 닛카 위스키를
설립했습니다. 증류소는 스코틀랜드와 지형 및 기후가 유사한 홋카

이도 요이치 일대에 지었습니다. 당시에 그는 이런 소회를 남기기도
했습니다.

> "진짜 위스키를 만들고 싶다. 내게 있어 위스키를 만드는 일
> 은 '사랑을 하는 것'과 같다. 아무리 힘들어도 하나도 힘들
> 게 느껴지지 않는다. 오히려 너무나 기쁘고 행복하게 할 수
> 있는 일이다."

  현재까지도 '일본 위스키의 아버지'라고 불리는 다케쓰루와 그가
세운 닛산 위스키의 심볼릭 스토리는 매우 심플하지만, 일본인들에
게 깊은 감명을 주기에 충분했습니다.
  2014년에는 영국 위스키 전문지가 주최한 국제 콩쿠르에서 닛카
위스키의 '다케쓰루 17년'이 블렌디드 몰트 위스키 부문에서 최우
수상을 수상하기도 했습니다. '다케쓰루 17년'은 2년 연속 이 상을
수상했으며, 지금까지 총 3회째 수상했습니다.
  닛카 위스키는 '다케쓰루 마사타카의 창업 스토리'라는 자원을 계
승해, 제품의 품질까지 높이고 있습니다. 2014년 12월에는 '창업
80주년, 다케쓰루 탄생 120주년'을 기념해 그와 그의 부인의 모습
을 전면에 내세운 캔 제품을 발매하기도 했습니다. 이 위스키 역시
양과 질 모두 높은 평가를 얻으며 '세계 5대 위스키' 중 하나로 선정
되는 등 확고한 지위와 명성을 구축하고 있습니다.

**닛카 위스키의
'다케쓰루 17년'**
flikr.com © Stefaan Lesage

식품업계의
개척자들

창업가의 창업 정신을 전하는 심볼릭 스토리는 유독 식품
업계에 많습니다.

어부에게 받은 굴을 삶아 그 물에서 발견한 글리코겐으로 영양 과
자인 '글리코'를 만든 에자키 글리코江崎グリコ 기업의 창업자 '에자키
리이치江崎利一', 미국에서 제과 기술을 배워와 특유의 상품 개발력
으로 '양과자의 개척자'라 불린 모리나가 제과森永製菓 기업의 창업
자 '모리나가 타이치로森永太一郎', 세계 최초로 건강에 유익한 유산
균 강화 배양에 성공한 야쿠르트ヤクルト 기업의 창업자 '시로타 미노
루代田稔', 일본 10대 발명 중 하나로 손꼽히는 감미 성분 'L-글루타
민산 나트륨'의 발견자인 아지노모토味の素 기업의 창립 멤버 '이케
다 키쿠타에池田菊苗'까지, 정말 많은 심볼릭 스토리가 다양한 패턴으
로 존재합니다.

다만 여기서 꼭 한 가지 일러두고 싶은 점이 있습니다. 바로 심볼
릭 스토리를 '위대한 창업자가 우리 회사에 있었다'라는 식의 자랑
투로 활용하지는 말라는 것입니다. 오히려 그보다는 창업자의 열정
을 뒷받침하는 'Why 정신'이 기업의 제품과 적절히 결부될 때 비로
소 효력을 발휘할 수 있습니다. 여기서 'Why 정신'이란 창업자가 왜
그런 일을 했는지, 그 생각이나 신념, 대의명분을 의미합니다.

'Why 정신'을
드러내다

　　소비자는 제품을 구입할 때 가격과 편익의 밸런스를 고려
해 결정을 내립니다. 식품이라면 맛과 성분, 포장 상태 등이 고려의
기준입니다. 하지만 이것만으로는 열성적인 고객, 즉 팬Fan을 만들
어낼 수 없습니다. 다만 여기에 창업자가 가진 제품 및 브랜드에 대
한 열정과 신념, 대의명분이 알려진다면 고객을 깊이 감동시킬 수
있습니다. 제품(What) 이면에 존재하는 '창업자의 이념(Why)'을 이야
기하기 때문입니다.

　　미국 최고의 전략 커뮤니케이션 전문가인 사이먼 사이넥Simon
Sinek은 자신의 책『나는 왜 이 일을 하는가』에서 "기업은 우선 '무엇
을 위해'라는 철학을 분명히 내놓아야 수용자, 즉 고객으로 하여금
공감을 얻을 수 있고, 이를 행동(구매)으로 옮기게 만들 수 있다"라고
말했습니다. 미국의 위대한 비폭력 운동가인 마틴 루서 킹 목사 역
시 1963년에 했던 연설에서 "나에게는 꿈이 있습니다"라는 짧은 문
장으로 자신의 'Why', 즉 신념을 인상적으로 밝혔습니다.

　　대부분의 브랜드 커뮤니케이션 담당자들은 단순히 제품이나 서
비스에 대해, 즉 'What'를 설명하는 데 급급합니다. 이어서 제품의
사용법이나 효능 등 'How'를 발신하는 순서를 따르고는 합니다. 하
지만 여기에 우리 브랜드만의 'Why'를 더한다면, 보다 효과적인 심

볼릭 스토리를 완성할 수 있습니다.

애플이 'Think Different' 캠페인을 통해 고객에게 호소한 것은 제품에 대한 특징과 장점이 아닌 "우리는 세상을 바꾼다"라는 'Why' 정신이었습니다. 그 신념으로부터 비롯된 'How'가 아름다운 디자인으로, 누구나 손쉽게 다룰 수 있는 운영 체계로 발현되었습니다. 그리고 이를 구체적으로 실현한 제품이 바로 아이맥iMac, 아이폰iPhone과 같은 'What'이었습니다. 일반적인 브랜드 커뮤니케이션과 순서가 완전히 반대인 셈입니다.

만약 애플이 처음부터 "아이맥이라는 훌륭한 제품이 탄생했다", "이 제품에는 훌륭한 기능이 이렇게 많다", "그러니 꼭 사야 한다"라고 고객에게 어필했다면, 전 세계 사람들은 지금처럼 애플의 제품 하나하나에 열광하지 않았을 것입니다.

> Why: 사업의 이유, 창업자의 신념과 대의명분
> How: 이를 위해 실시하는 독자적인 기술 연구
> What: 그 결과물로 탄생한 제품이나 서비스

창업자의 강력한 대의명분과 신념에 공감하면, 고객은 이를 강하게 납득하며 그 브랜드의 열성적인 팬이 됩니다. 이것이 바로 영속적인 기업을 만드는 중요한 열쇠입니다.

Why → How → What으로 이어지는
골든 사이클

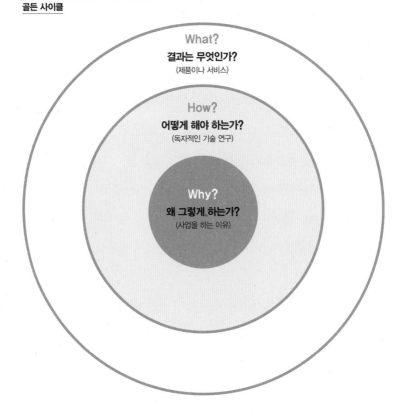

What?
결과는 무엇인가?
(제품이나 서비스)

How?
어떻게 해야 하는가?
(독자적인 기술 연구)

Why?
왜 그렇게 하는가?
(사업을 하는 이유)

*사이먼 사이넥, 『나는 왜 이 일을 하는가』에 기초하여 저자 편집

브랜드 고유의 스토리를 발견하는 법

노벨상 수상자들에게
신뢰받는 회사

인적 자원을 소재로 한 심볼릭 스토리는 창업자나 임직원 등 회사 내부 사람들의 이야기로만 한정되지 않습니다. 오히려 그 브랜드의 '고객'이 심볼릭 스토리의 주인공이 되는 사례도 많습니다. '어떤 고객에게 사랑받고 있는가?'라는 이야기도 큰 효과를 발휘할 수 있습니다.

그 전형적인 예가 '하마마쓰 포토닉스浜松ホトニクス'라는 기업의 이야기입니다. 광 관련 전자부품과 전자기기를 제조하고 판매하는 이 기업은 1953년 '하마마쓰 TV 주식회사浜松テレビ株式会社'라는 이름으로 처음 문을 열었습니다. 반도체 레이저, 포토다이오드, 광전자증배관, 분석용 광원 등 주로 광 관련 연구 개발 분야에서 세계적인 기술력을 자랑하고 있습니다.

특히 이 기업은 '노벨 물리학상 수상자들이 애용하는 기기를 만드는 기업'으로 널리 알려져 있습니다. 지금껏 이 기업이 만든 제품을 사용해 연구한 물리학자 중 무려 세 명이 노벨 물리학상을 수상했기 때문입니다.

첫 번째 주인공은 2002년 수상자인 고시바 마사토시小柴昌俊 도쿄대 교수입니다. 그는 자연에서 발생한 뉴트리노(소립자 중 하나)를 세계 최초로 관측하는 데 성공했습니다.

고시바 교수가 뉴트리노를 관측할 때 사용한 것이 '카미노칸데'라는 소립자 관측 장치입니다. 이는 고시바 교수가 설계 과정에 직접 참여한 장치로, 하마마쓰 포토닉스의 광 기술이 사용되었습니다.

　처음에 그는 미국제 광전자증배관(빛을 감지해 전기 신호로 교환하는 센서)을 사용했지만, 생각만큼 성과가 나지 않았습니다. 이 때문에 직접 하마마쓰 포토닉스에 광전자증배관 개발을 의뢰했습니다. 하마마쓰 포토닉스는 여러 번의 시행착오 끝에 직경 20인치에 이르는 광전자증배관을 개발하는 데 성공했고, 이후 고시바 교수의 뉴트리노 관측에도 크게 기여했습니다.

　두 번째 주인공은 2013년 수상자인 피터 힉스Peter Higgs 에든버러대학교 명예교수입니다. 힉스 교수는 '신의 입자(소위 '힉스 입자'라고 불리는 소립자)'를 발견한 공로로 노벨 물리학상을 수상했습니다. 일전에 그 소립자의 존재를 힉스 교수가 이론적으로 예언했지만, 실제 관측이 어려워 '신의 입자'라고 불리게 된 것입니다. 수많은 연구자가 이를 관측하려고 노력했습니다. 하지만 그 영광은 힉스 교수에게 돌아갔습니다. 그는 하마마쓰 포토닉스와 함께 유럽 원자핵 연구기구CERN의 대형 하드론 충돌형 가속기를 만들었고, 하마마쓰 포토닉스의 광 기술이 여기에서도 큰 역할을 했습니다. 유럽 원자핵 연구기구가 요구하는 제품을 만들 수 있는 기업이 하마마쓰 포토닉스 외에는 거의 없었고, 하마마쓰 역시 이를 만들어 납품하는 데까지 장장 3년이라는 시간이 걸렸습니다.

마지막 세 번째 주인공은 2015년 수상자인 카지타 타카아키梶田
隆章 도쿄대 교수입니다. 카지타 교수는 앞서 소개한 고시바 교수의
제자로, '뉴트리노에 질량이 있다'는 사실을 규명해냈습니다.

하마마쓰 포토닉스는 노벨상 수상자를 잇달아 배출한 기업으로
알려지면서, 해당 분야에서 위상이 매우 높아졌습니다. 그로 인해
세계 각지의 첨단 연구소로부터 개발 의뢰가 줄을 이루기도 했습니
다. 하마마쓰 포토닉스의 주력 제품은 힉스 입자와 뉴트리노 검출에
큰 역할을 한 광전자증배관, 그리고 광센서입니다. 해당 분야에서
하마마쓰 포토닉스는 90퍼센트 이상의 시장 점유율을 보이며 압도
적인 존재감을 드러내고 있습니다.

또 하마마쓰 포토닉스는 이와 같은 기술적 도전을 확실한 수익원
으로도 연결시키고 있습니다. 매출은 연 1000억 엔(약 1조 원) 수준
이지만, 영업이익률은 15~20퍼센트로 높은 수익률을 유지하고 있
습니다.

자사의 강점을 연마하려는 노력 또한 결코 게을리하지 않습니다.
시즈오카현 하마마쓰시에 광 기술로 특화된 대학인 '광산업창성대
학원대학光産業創成大学院大学'을 설립해, 그곳에서 연구한 결과물을 토
대로 다양한 광 벤처 기업을 배출해냈습니다. 현재까지 40개 이상
의 벤처 기업이 설립되었으며, 하마마쓰 포토닉스는 그 집합체의 구
심점으로 조직을 운영하고 있습니다. 각각의 회사가 압도적인 기술
력을 통해 경쟁 없는, 즉 독점에 가까운 시장을 만들어냈습니다.

하마마쓰 포토닉스는 노벨상 수상자들이 사랑한 브랜드라는 심볼릭 스토리를 고객 가치, 경쟁 우위성, 수익 창출 구조와 잘 연동시켜 성공을 거둔 대표적인 케이스라고 할 수 있습니다.

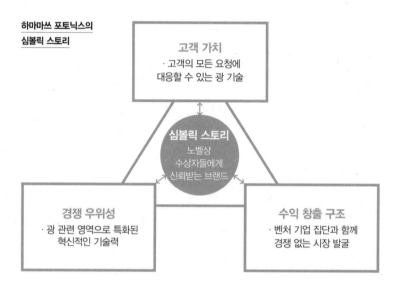

하마마쓰 포토닉스의 심볼릭 스토리

고객 가치
· 고객의 모든 요청에 대응할 수 있는 광 기술

심볼릭 스토리
노벨상 수상자들에게 신뢰받는 브랜드

경쟁 우위성
· 광 관련 영역으로 특화된 혁신적인 기술력

수익 창출 구조
· 벤처 기업 집단과 함께 경쟁 없는 시장 발굴

오바마 대통령의
퍼터

2013년 2월 18일 오후, 야마가타현의 작은 유한 회사에 외교부로부터 한 통의 전화가 걸려왔습니다. 그리고 이 전화는 어떤 기업의 운명을 송두리째 변화시켰습니다.

"귀사가 만드는 퍼터(골프공을 그린에서 홀컵으로 밀어 넣을 때 쓰는 클럽)를 미국에 보내고 싶습니다. 그쪽의 요청이 있었거든요."

퍼터를 주문한 이는 다름 아닌 버락 오바마Barack Obama 미국 전 대통령이었습니다. 2013년 2월에 열린 미일 정상 회담에서 아베 신조安倍晋三 수상이 오바마 대통령에게 퍼터를 선물로 준 바로 그 일이었습니다. 이 뉴스는 순식간에 여러 미디어를 통해 퍼져나갔습니다. 바로 그 퍼터를 만든 기업은 '야마다 퍼터 공방有限会社山田パター工房'이라는 작은 회사였습니다.

야마다 퍼터 공방은 전형적인 영세 기업입니다. 창업자인 야마다 토오루山田透 사장이 혼자서 퍼터를 만드는 회사입니다. 그는 20여 년 전, 미국에 있을 시기에 골프를 처음 접하고 직접 퍼터 제작에 뛰어들었습니다. 현재까지도 작은 공방에서 디자인과 금형 제조, 정밀 기계 프로그래밍과 수작업까지 모두 혼자서 하고 있습니다.

그런 영세 기업의 퍼터가 오바마 대통령의 주문 요청을 받게 된 건 한 명의 무명 골퍼가 달성한 신기록 때문이었습니다. 2012년 5월 전미프로골퍼협회PGA의 하위 투어에 참가한 호주 출신 레인 깁슨Rhein Gibson 선수가 야마다 퍼터를 사용해 기네스 기록을 갈아 치운 사건입니다. 이 뉴스를 통해 야마다 퍼터는 일약 세계적인 명성을 얻게 되었습니다. 그리고 이러한 화제는 미국 백악관에까지 가닿았습니다.

이 사건 이후 야마다 퍼터의 이름은 전 세계 골퍼들의 뇌리에 각인되었습니다. 어느새 '오바마 퍼터'라는 애칭까지 생길 정도였습니다. 프로나 아마추어, 국적을 가릴 것 없이 수많은 골퍼의 주문이 쇄도했습니다. 일본 내 판매점은 물론 온라인 쇼핑몰에서도 금세 재고가 동이 났습니다. 각 매장에는 '재고가 동이 났습니다. 다음 제품 입고일은 아직 미정입니다'라는 푯말이 붙기 시작했습니다. 물론 지금까지 이런 사태가 벌어지진 않지만, 아직까지도 야마다 퍼터의 인기 현상은 지속되고 있습니다.

야마다 퍼터의 경쟁력은 남다른 장인 정신에 있습니다. 야마다 사장이 혼자 작업하며 완성한 '연철일체삭출 제조법'이 그 근간에 자리하고 있습니다. 이 방식은 재료인 연철 소재의 덩어리를 기계 가공으로 잘라낸 뒤, 형상을 수작업으로 만드는 '핸드메이드 제조법'입니다. 이후 연마기와 칼 줄로 형태를 세밀하게 잡습니다. 하나의 철 덩어리에서 나오는 퍼터는 단 한 자루뿐입니다.

하늘을 찌르는 인기만큼이나 많은 주문을 받기 위해서라면 대량 생산을 고려해볼 수 있었을 것입니다. 예를 들어 녹인 철을 액상으로 만들어 고정된 틀에 흘린 뒤, 이를 식혀 응고하는 방식이라면 충분히 대량 생산도 가능합니다. 하지만 야마다 퍼터 공방은 이전 제조 방식을 일관되게 유지해오며 골퍼들의 신뢰를 얻고 있습니다.

흔히 골퍼에게 퍼터는 '파트너'나 다름없다고 합니다. 드라이버에서부터 시작되는 열네 자루의 채 중에 골퍼의 강력한 의지가 담겨

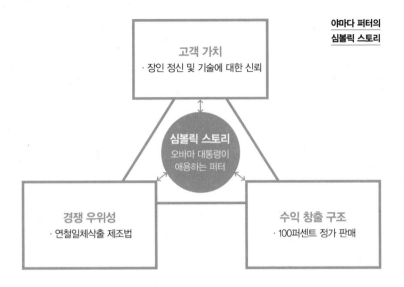

고객 가치
· 장인 정신 및 기술에 대한 신뢰

심볼릭 스토리
오바마 대통령이
애용하는 퍼터

경쟁 우위성
· 연철일체삭출 제조법

수익 창출 구조
· 100퍼센트 정가 판매

있는 도구라고 할 수 있습니다. 골퍼들은 "이걸로도 안 된다면 포기하겠다"라고 말할 만큼 '영혼의 파트너'인 퍼터를 찾는 데 신중을 기합니다. '쇼트 게임의 달인'이라고 불린 벤 크렌쇼Ben Crenshaw 선수가 '리틀 벤Little Ben'이라고 부르며 애용했던 퍼터는 50년 이상 사용한 것으로 알려져 있습니다.

그만큼 골퍼들에게는 중요한 파트너이기에, 오바마 대통령의 애용품이라는 심볼릭 스토리는 수많은 골퍼들의 뇌리에 강력하게 남았습니다. 그 결과 야마다 퍼터는 가격 할인 없이 정가 판매를 고집할 수 있었고, 높은 수익률 역시 확보할 수 있었습니다.

이처럼 '고객'을 주인공으로 하는 심볼릭 스토리는 고객의 인지도에 따라 보다 많은 이에게 알려지는 힘을 갖습니다.

영국의 정치가 윈스턴 처칠Winston Churchill은 콘웨이 스튜어트 Conway Stewart 만년필만 애용했다고 알려져 있습니다. 비틀스의 멤버 존 레넌은 일본을 방문할 때마다 숙박했던 가루이자와 만페이 호텔 万平ホテル에서 항상 로열 밀크티를 주문했다고 합니다. 또한 아폴로 13호가 위기 상황을 뚫고 기적적으로 지구에 생환했을 때, 수동에 의한 엔진 역분사 시간을 정확히 잰 우주 비행사의 손목에는 오메가 Omega의 '스피트마스터' 시계가 채워져 있었습니다.

실제로 세계적인 기업들은 고객을 활용한 심볼릭 스토리를 애용하고 있습니다. 우리 브랜드를 사랑하는 인지도 높은 고객이 있는지를 반드시 찾아내야 하는 이유입니다.

고객을 안심시키는
인적 자원 스토리

이와 같은 '인적 자원'을 소재로 한 심볼릭 스토리는 '인지 부조화의 해소'라는 효과도 낳습니다. '인지 부조화Cognitive Dissonance'란 미국의 사회심리학자 레온 페스팅거Leon Festinger가 제창한 개념입니다. 쉽게 말해 '자신의 실수(착각)를 인정하고 싶지 않다'는 심리 상태를 뜻합니다.

다이어트를 하는 도중에 과자나 케이크를 먹는 것처럼 '좋지 않다는 건 알지만 멈출 수 없는 행동'을 했던 경험이 누구나 있을 것입니다. 이런 모순된 상태, 혹은 이로 인해 스트레스를 받는 상태를 '인지 부조화'라고 합니다.

인지 부조화가 생긴 경우, 사람들은 부조화를 해소하기 위해 자신의 결단을 정당화하는 정보를 무의식적으로 모으려 합니다. 요컨대 자기 자신을 납득시키기 위한 재료를 찾는 것입니다.

새 차를 구입했다면 자신이 구입한 차와 같은 차종에 주목하는 행동, 혹은 구입한 가전제품의 텔레비전 광고를 유심히 보았던 경험을

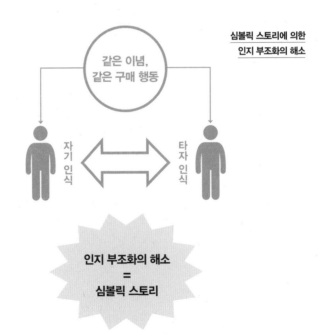

심볼릭 스토리에 의한
인지 부조화의 해소

같은 이념,
같은 구매 행동

자기인식　타자인식

인지 부조화의 해소
=
심볼릭 스토리

예로 들 수 있습니다. 이는 '내가 구입한 차는 다른 사람들도 인정하고 많이 산 차'라는 인지와 함께, 텔레비전 광고를 보며 내가 구입한 가전제품의 좋은 점을 확인하려는 행동입니다. '구매한 나의 결정이 틀리진 않았을까?' 하는 불안감이나 스트레스를 제거하기 위한 행동으로, 이와 같은 사람의 심리를 설명한 게 인지 부조화 이론입니다.

세상을 바꾸기 위해 노력하는 창업자, 노벨상 수상자들에게 사랑받는다는 높은 신뢰도, 오바마 대통령이 직접 요청한 제품처럼 그 브랜드에 대해 공감할 수 있는 이념이나 고객의 이야기를 발견하면, 인지 부조화는 완화되고 구매자는 안심하게 됩니다.

고객이 구매한 뒤 인지 부조화를 일으키기 쉬운 제품이라면 '설명할 수 있고 이유가 되는 재료'를 미리 제공하는 것이 비즈니스 전략상 무척 중요합니다. 이때 심볼릭 스토리를 활용한다면 더욱 강력하게 고객을 안심시킬 수 있을 것입니다.

V

물적 자원

무엇이 제품을
특별하게 만드는가?

브랜드 고유의 상품이나 기술 등에도 이야기가 많이 잠재되어 있습니다. '물적 자원'을 소재로 한 심볼릭 스토리는 익숙한 대상이 '경쟁사와는 다른 가치'를 지닌 것처럼 느껴지게 하는, 일종의 착시 역할을 합니다. 앞서 살펴본 타이타닉호의 루이비통 이야기, 타니타의 직원 식당 이야기가 물적 자원 스토리에 해당합니다.

한즈만의
'목장갑 한 짝'

규슈 지역에서 자주 볼 수 있는 생활용품 판매점 한즈만ᄉᄉ

ズマン은 자신들의 강점을 상징하는 상품을 심볼릭 스토리로 삼아 비즈니스 모델을 강화시켰습니다. 바로 '목장갑 한 짝'에 관련한 이야기입니다.

한즈만은 소비자들이 "이런 것까지 파느냐?"라고 말할 만큼, 엄청난 상품군을 판매하는 점포로 유명한데, 그 상징적인 상품이 '목장갑 한 짝'입니다.

보통 목장갑은 오른쪽과 왼쪽을 합쳐 한 세트로 판매합니다. 하지만 한즈만에서는 오른쪽과 왼쪽 각각 따로도 판매하고 있습니다. 목장갑을 쓰다가 한 짝을 잃어버린 경우, 사람들은 '한 짝만 반값에 팔면 안 되나……?' 하고 생각할 것입니다. 한즈만은 일반적인 생활용품 판매점에서는 생각지도 못하는 소비자들의 니즈를 미리 캐치하고 충족시켜주었습니다.

이뿐만이 아닙니다. 한즈만은 완성품만이 아니라 부품까지도 단품으로 판매합니다. 보통 볼펜이나 샤프 같은 필기류는 완성품으로 판매하지만, 이 가게에서는 볼펜의 내용물인 잉크, 혹은 샤프심을 넣는 곳에 달린 지우개까지도 단품으로 판매하고 있습니다. 한즈만은 '그곳에 가면 반드시 찾는 물건이 있다'라는 이미지를 소비자들에게 심어주기 위해 작은 부품에 이르기까지 철저히 재고를 갖춰둡니다.

한즈만에서는 전기 휴즈 아이템만 해도 300종이 넘습니다. 콘덴서나 저항기 역시 360종에 이릅니다. 한즈만의 사장인 오조노 세이지大薗誠司는 "이런 물건들이 갖춰진 곳은 아마도 우리 가게밖에 없을 것이다"라고 호언장담했습니다. 이런 그의 말처럼 한즈만에는 통상적으로 사용되는 우회전 못뿐만 아니라 좌회전 못까지 구비되어 있고, 가정용 못만 해도 3000여 종에 이릅니다.

사실 이러한 전략은 판매 효율을 도외시하게 만듭니다. 그렇게 상품이 쌓이고 쌓여 현재는 상품 수만 해도 18만 5000점에 달한다고 합니다. 생활용품 판매점의 업계 평균 상품 수가 약 3만 5000점이라고 알려져 있는데, 한즈만에는 평균치의 대여섯 배 많은 아이템 수가 있다고 할 수 있습니다.

그 결과 한즈만 점포에 구비된 상품 대부분은 잘 팔리지 않습니다. 연간 판매 수가 한 자리에 머물고 있는 상품이 전체의 60퍼센트를 점할 정도입니다. 이에 따라 업계 평균 재고 회전율이 연 6~7회 정도 되는 데 반해, 한즈만은 연 4회로 크게 뒤처져 있습니다. 아이템 수는 많고, 그 대부분은 연간 열 개도 팔리지 않으며, 게다가 점포 관리 인원도 많습니다. '효율적인 경영 전략'과는 완전히 반대인 셈입니다.

보통의 점포라면 판매 효율을 추구하기 위해 잘 팔리는 상품을 집중적으로 마케팅하고 진열합니다. 하지만 한즈만은 미국의 온라인 유통 업체 아마존Amazon처럼 온라인 판매에서는 거의 주문이 없는 상품까지 갖춰두는 '롱테일 법칙'을 실천하고 있습니다.

롱테일 법칙이란, '공룡의 긴 꼬리에서 비롯된 이론입니다. 대부분의 회사에서는 일부 인기 상품이 매출의 80퍼센트가량을 점하고 있지만, 그럼에도 분명 잘 팔리지 않는 상품을 찾는 고객도 반드시 있습니다. 이를 상품별 매출 그래프로 그려보면 마치 공룡의 긴 꼬리 같은 형태를 띱니다.

롱테일 법칙은 아마존 같이 점포 면적에 제한을 받지 않는 온라인 쇼핑몰의 강점입니다. 하지만 한즈만은 그와 동일한 방식을 오프라인 점포에서 실현하고 있습니다.

한즈만의 홈페이지에는 이런 문장이 쓰여 있습니다.

"한즈만에 가면 새로운 발견이 있다!"

한즈만은 이를 그대로 실행하여 인상적인 점포 운영 방식으로 소비자들에게 사랑받고 있습니다.

그렇다면 현실로 돌아와, 한즈만은 이토록 방대하고 잘 팔리지 않는 상품들, 그리고 높은 인건비라는 '낭비투성이 경영'에서 어떻게 이익을 올리고 있을까요? 그 답은 '상권의 넓이와 재구매율(한 번 구매한 고객이 다시 매장을 찾아 구입하는 비율)'입니다.

'한즈만에 가면 없는 게 없다'라는 인식이 널리 퍼지면서 멀리서도 찾아오는 고객이 많아졌고, 이에 따라 재구매율도 매우 높아졌습니다. 한즈만의 상권은 반경 15~20킬로미터라고 알려져 있습니다. 이는 일반적인 생활용품 판매점과 비교했을 때 상당히 넓은 편입니다.

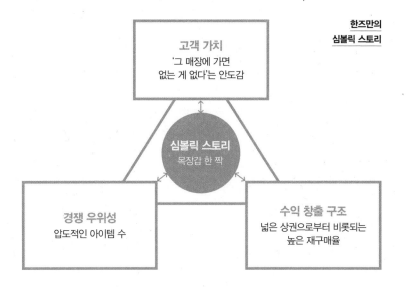

고객 가치
'그 매장에 가면
없는 게 없다'는 안도감

심볼릭 스토리
목장갑 한 짝

경쟁 우위성
압도적인 아이템 수

수익 창출 구조
넓은 상권으로부터 비롯되는
높은 재구매율

미야자키현 미야코노조시에 있는 한즈만 매장에는 서핑 보드의 수리 용품을 사기 위해 2~3시간이 걸리는 먼 지역에서도 고객이 찾아옵니다. 1년 동안 이 매장의 계산대를 거치는 구매 고객만 해도 150만 명에 달해, 근처 경쟁사와 엄청난 매출 차이를 보이고 있습니다. 한 점포당 매출 역시 연 27억 엔(약 270억 원)에 달하며, 압도적인 격차를 보이고 있습니다.

결국 이 모든 결과는 '목장갑 한 짝'이라는 상품에 관련된 심볼릭 스토리가 널리 알려지면서, '그 매장에 가면 없는 게 없다'라는 인식이 효율적인 경영 모델을 이기는 비즈니스 모델을 창출했다고 할 수 있습니다.

닛켄의
'대인 지뢰 제거기'

일본 야마나시현 남알프스시에는 닛켄日建이라는 건설 기계 회사가 있습니다. 이 회사의 창업자인 아메미야 키요시雨宮清 사장이 개발한 대인 지뢰(사람을 죽이거나 다치게 하려고 만든 지뢰) 제거기는 '심볼릭 스토리'의 소재로 널리 알려지며 닛켄의 강점인 높은 기술력을 드러내고 있습니다.

1994년 아메미야 사장은 닛켄의 건설 기계 판로를 개척하기 위해 캄보디아를 찾았습니다. '오랜 전쟁으로 인해 황폐해진 땅 위에 재건을 위한 건설 기계 수요가 있을 것이다'라고 생각했기 때문입니다. 그때 그는 수도 프놈펜의 시장에서 대인 지뢰 피해자와 처음 만났습니다.

"일본인이시군요. 부디 우리나라를 도와주세요."

헐벗은 어린 소녀와, 무릎 아래가 절단된 노인은 생면부지의 아메미야 사장을 붙잡고 이렇게 호소했습니다.

캄보디아는 지뢰 피해로 고통받는 나라였습니다. 평화로운 나라에서는 가히 상상도 할 수 없는, 비참한 현실이 그곳에 존재했습니다. '이 나라에서 지뢰 피해를 없애기 위해 내가 무엇을 할 수 있을까? 기술자인 내가 할 수 있는 일은 지뢰를 제거하기 위한 기계를 만드는 것 아닐까?' 아메미야 사장의 이러한 생각은 점차 사명감으로 바뀌었습니다.

사실 그는 지뢰나 폭탄, 화약에 대해 문외한이었습니다. 하지만 피해자들을 눈으로 목격하면서, 아무런 지식도 없는 채 무모한 도전을 시작했습니다.

우선 그는 시중에 판매되고 있는 유압 쇼벨(흙을 파거나 옮기는 데 쓰이는 기계나 차량의 삽 부분)에 지뢰 대응이 가능한 금속 칼날(로터리 커터)을 붙이는 일부터 시작했습니다. 하지만 지뢰의 폭발 온도가 800~1000도에 달해 보통의 금속 칼날은 금세 망가지고 말았습니다. 폭발 충격에 대한 내구성과 함께 대나무와 돌, 암반에 대한 내구성을 갖춘 칼날을 만들기 위해서는 주 소재인 금속 합금의 배합률을 보다 세밀히 조정할 필요가 있었습니다. 무턱대고 딱딱하고 강하게만 만들어서는 아무 소용이 없었습니다.

아메미야 사장은 지뢰 제거기를 만들면서 '지뢰와 맞서 싸워서는 안 된다'고 생각했습니다. 야구에서 볼을 잡을 때 팔을 안쪽(공이 오는 반대 방향)으로 당기면서 충격을 흡수하듯이 폭발의 힘과 열 폭풍에서 충격을 줄일 방법을 생각했습니다. 이를 실현하기 위해 그는 '너무 유연하지도, 그렇다고 너무 딱딱하지도 않은' 절묘한 강도의 로터리 커터를 개발했습니다. 이후 형상이나 강도를 바꿔가며 야마나시현의 산림에서 상용화 실험을 반복했습니다.

이렇게 완성된 지뢰 제거기는 사람의 손으로 지뢰를 제거하는 것보다 100배 이상의 효과를 냈고, 곧바로 캄보디아 지뢰 제거 현장에 투입되었습니다. 2000년부터 대인 지뢰 제거 작업이 시작되어, 지금은 다소 느리지만 그 땅 위에 농작물이 자라고 농민들의 자립이 이루어지고 있습니다.

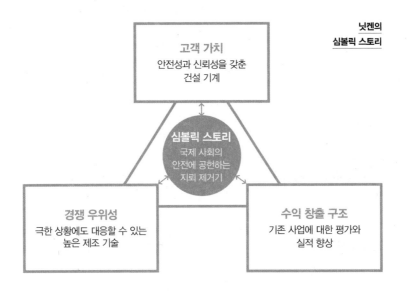

이후 닛켄의 지뢰 제거기는 아프가니스탄, 니카라과, 베트남, 태국 등에서도 사용되기 시작했습니다. 사실 이 지뢰 제거기 사업은 아직 충분한 수익성을 확보하지는 못했습니다. 하지만 닛켄의 기술력을 상징하는 지뢰 제거기는 국제 공헌도에 대한 평가와 함께 거래처로 부터의 높은 신뢰를 얻고 있습니다. 이를 통해 지뢰 제거기 외에 기존 사업의 실적도 함께 향상되는 선순환이 이루어지고 있습니다.

비즈니스 전체에 미치는
후광 효과

한즈만의 '목장갑 한 짝', 닛켄의 '대인 지뢰 제거기'와 같은
상징적인 제품은 그 제품에 대한 직접적인 이익뿐만 아니라 비즈니
스 전체에 대한 파급 효과를 일으킵니다. 이는 미국의 심리학자 에

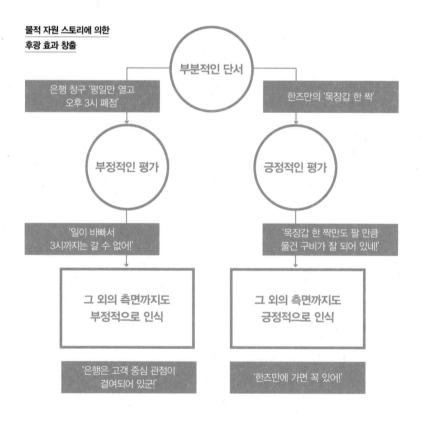

**물적 자원 스토리에 의한
후광 효과 창출**

부분적인 단서

은행 창구 '평일만 열고
오후 3시 폐점'

한즈만의 '목장갑 한 짝'

부정적인 평가

긍정적인 평가

'일이 바빠서
3시까지는 갈 수 없어!'

'목장갑 한 짝만도 팔 만큼
물건 구비가 잘 되어 있네!'

그 외의 측면까지도
부정적으로 인식

그 외의 측면까지도
긍정적으로 인식

'은행은 고객 중심 관점이
결여되어 있군!'

'한즈만에 가면 꼭 있어!'

드워드 손다이크Edward Thorndike가 주창한 '후광 효과' 때문입니다.

후광 효과란 사람이 어떤 사안을 판단할 때 특징적인 점을 발견하면, 판단 기준이 그 특징적인 점에 영향을 받아 평가가 왜곡되는 경향을 뜻합니다. 좋은 방향으로 왜곡된다면 '긍정적인 후광 효과', 반대로 나쁜 방향으로 왜곡되면 '부정적인 후광 효과'라고 부릅니다. 사람을 외모로 판단하거나 학벌이나 출생 지역, 혈액형 등으로 이미지를 판단하는 것도 후광 효과라고 할 수 있습니다.

한즈만의 '목장갑 한 짝'이나 닛켄의 '대인 지뢰 제거기'는 모두 긍정적인 후광 효과를 낳았습니다. 즉, 두 상품 외에 비즈니스 모델 전체를 한층 더 강화시키고 다른 제품군의 수익까지 올릴 수 있었습니다.

어떻게 다르게 일하는가?

심볼릭 스토리의 세 번째 소재는 '조직 자원'입니다. 우리 조직만이 갖고 있는 팀워크, 또 현장에서 벌어지는 다양한 에피소드에 대한 이야기가 여기에 속합니다. 즉, 현장 직원들의 활약상을 전하는 이야기인 셈입니다. 앞서 1장에서 소개한 노드스트롬 백화점의 타이어 이야기가 조직 자원을 활용한 심볼릭 스토리의 전형적인 사례라고 할 수 있습니다.

도요타의 'Why 정신' 역시 조직 자원을 활용한 대표적인 심볼릭 스토리입니다. 도요타식 생산 시스템의 아버지라 불리는 오노 다이이치 전 부사장은 자신의 책『도요타 생산방식』에서 "하나의 사안에 대해 다섯 번 '왜?'를 자문자답함으로써 사안 간의 인과 관계나 그 속에 감춰진 진짜 원인을 도출해낼 수 있다"라고 말했습니다. 이는 도요타의 생산 현장에서 문제의 원인을 끊임없이 고민하는 '상징적인 이야기'로 유명해졌습니다. 이런 능력과 노력이 조직 속에 짙게 배어 있는 것이 도요타의 진짜 강점이라고 할 수 있습니다.

지금부터 소개하는 세 군데의 기업도 조직 자원을 소재로 한 심볼릭 스토리를 활용해 브랜드의 가치를 높였습니다.

다마고야의
'창의적 개선'

주식회사 다마고야玉子屋는 1975년에 창업한 도시락 제조 기업입니다. 도쿄 일대를 중심으로 기업체 및 사무실과 계약을 맺고 매일 점심 도시락을 배달합니다. 연 매출은 약 90억 엔(약 900억 원)이고, 직원 수는 아르바이트생까지 포함해 총 400여 명에 달합니다.

다마고야라는 기업을 설명할 때는 몇 가지 경이적인 수치가 따라다닙니다.

그중 첫 번째는 하루에 판매되는 도시락 개수입니다. 다마고야는 일일 평균 6만 5000개의 도시락을 기업체에 배달합니다. 보통 하루 평균 3000개의 도시락을 팔면 대형 기업으로 분류하고, 1만 개를 판매하는 회사도 도쿄 안에서 열 군데 기업이 채 되지 않습니다. 이러한 상황에서 다마고야는 일본 최대 규모의 도시락 기업이라고 해도 과언이 아닙니다.

두 번째는 도시락의 폐기율입니다. 다마고야는 판매되지 않아 버리는 도시락이 0.1퍼센트에 지나지 않습니다. 편의점의 경우 도시락 폐기율이 평균 2~3퍼센트 정도로 알려져 있습니다. 이와 비교해봐도 다마고야의 도시락 폐기율이 얼마나 낮은지 알 수 있습니다.

이 밖에도 다양한 놀라운 수치가 있습니다. 메뉴는 하루에 단 하나, 대신 한 번 나온 메뉴는 2개월 이내에 다시 나오지 않고, 가격은 항상 450엔(약 4500원)을 유지하며, 합리적인 가격 대비 굉장히 충실한 내용물을 제공합니다.

이러한 경이적인 수치들은 다마고야의 특별한 비즈니스 모델에서 비롯된 결과물입니다. 그리고 이 모델의 중심에서 능숙하게 시스템을 작동시키는 건 바로 '현장에서 일하는 직원들'입니다.

우선 다마고야의 비즈니스 모델 속 포인트를 소개하겠습니다. 다마고야는 매일 점심시간에 맞춰 계약한 사무실로 도시락을 배달합니다. 주문 수량은 매일 일정하지 않습니다. '오늘 점심은 다마고야 도시락을 먹겠다'고 마음먹은 사람이 매일매일 다르기 때문입니다. 계약처에서 주문 수량을 매일 확인하고, 그 개수만큼 배달하는 시스템입니다.

다마고야는 매일 주문 수량이 일정치 않음에도 앞서 이야기한 것처럼 폐기율이 경이적인 수준으로 낮습니다. 어떻게 이런 일이 가능한 걸까요? 그 중심에는 도시락을 다 먹고 회수해 계속 사용하는

'회수용 도시락 상자'가 있습니다.

다마고야의 배달원은 다 먹은 도시락 상자를 회수할 때 도시락의 맛과 양에 대한 의견, 고객들이 먹고 싶은 희망 메뉴, 근처 도시락 가게나 식당 동향, 거래처 회사의 행사나 휴일 정보 등을 빠짐없이 수집합니다. 즉, 회수용 도시락 상자를 고객 설문 조사의 도구로 활용해, 배달원들이 영업자와 마케터 역할까지 하게 만드는 것입니다.

더불어 배달원들은 고객과의 관계를 평상시에도 꾸준히 다지면서, 다음 날 발주 예측의 정확도를 높입니다. 또 회수한 도시락 상자를 체크해 어떤 반찬이 남았는지를 일일이 체크합니다. 이런 정보를 지역별, 팀별로 공유해 다음 날 주문량을 예측하는 것입니다. 더 나아가 이 과정을 반복함으로써 경험치를 축적하고, 예측의 정확도를 극한까지 높였습니다.

그렇게 다마고야는 주문 예측치보다 약간 모자란 양의 식재료를 밤 12~2시 사이에 조달하여 배달할 도시락을 만듭니다. 아침 9시부터 10시까지 전화나 팩스로 주문을 받고, 부족한 분량의 식재료를 추가로 조달한 뒤 낮 12시까지 배달을 완료합니다.

또한 돌발적인 주문 수치 변경에도 대응할 수 있도록 배송 팀끼리 서로 소통할 수 있는 시스템을 구축했습니다. 이 같은 시스템에 따라 초과되고 부족한 도시락을 유연하게 활용할 수 있었습니다.

사실 이전까지 도시락 업계에서는 '얼마간의 폐기는 불가피하다'라는 인식이 짙게 깔려 있었습니다. 폐기가 두려워 도시락을 적게 만들면 재고가 부족해 아예 판매 기회 자체를 잃어버릴 수도 있기 때문입니다.

**다마고야의
운영 시스템**

업무 프로세스	프로세스별 경쟁력
메뉴, 예측	→ 매일 바뀌는 메뉴를 통해 고객을 질리지 않게 함 → 450엔짜리 한 가지 종류로 원가 절감 및 폐기율 낮춤
조달	→ 거래업자를 고정하지 않고 전국으로 분산, 　대량 발주를 통한 가격 협상력 유지
제조	→ 단품 메뉴로 작업 단순화, 적은 인력으로 　대량 생산 가능(40명의 작업자가 한 시간에 7000개 생산)
주문	→ 오전 10시에 주문 종료, 주문 한 건당 평균 16개 　(주문 4000건에 도시락 6만 5000개 배달) 　대량 발주를 통한 업무 효율화
배송	→ 30대의 배달 차량 운영, 폐기율 0.1퍼센트 유지 → 업무 표준화로 아르바이트생 고용 가능, 인건비 감소
영업	→ 전문 영업자를 두지 않고, 배달원이 영업자 역할을 수행 → 다마고야의 인건비 비율은 20퍼센트 수준(업계 평균 25퍼센트 이상)
식기 회수	→ 식기를 회수해 약 10퍼센트 비용 절감 → 잔반 확인을 통해 발주 예측의 정확도를 높임

*다마고야 홈페이지, 《니케이유통신문》 2013년 6월 13일자 등을 기초로 하여 저자 작성

브랜드 고유의 스토리를 발견하는 법

하지만 다마고야는 그러한 상식을 넘어섰습니다. 폐기율이 낮으면 그만큼 수익에 여유가 생깁니다. 다마고야는 높은 수익으로 식재료의 질을 높이는 데 심혈을 기울입니다. 즉, 낭비를 없앰으로 발생한 이익을 새로운 자원으로 삼아, 도시락의 품질을 높이는 데 전력합니다. 그리고 이것이 고객의 재구매율을 높이는 선순환으로 이어졌습니다.

이와 같은 경영 효율화를 실현할 수 있었던 것은 자신의 업무를 창의적으로 개선하기 위해 노력한 직원들 덕분이었습니다. 그리고 이처럼 높은 조직력을 발휘하는 다마고야에는 특별한 채용 기준이 있습니다.

다마고야의 창업자인 스가하라 이사츠구菅原勇継는 자신들의 채용 요건을 '깍쟁이(눈치가 빠르고 다소 이기적이라 할 만큼 개성이 강하며 셈에 빠르고, 더 나아가 융통성 있는 행동과 생각으로 상황을 이끌어가는 사람)' 같은 사람이라고 밝혔습니다. 그 이유는 "깍쟁이 같은 직원들이 업무를 더 정확히 이해하고, 상황마다의 대처 속도가 빠르기 때문이다"라고 말했습니다.

예를 들어 다마고야에서는 도시락을 배송할 때 하루에도 몇 번씩 배달 루트나 수량이 변경됩니다. 이런 상황에서 그때그때 차량을 돌려 민첩하게 움직일 수 있는 것은 깍쟁이 직원들이 가진 창의적인 꾀와 유연성 덕분이라고 말합니다.

"처음 창업을 했을 때는 아무것도 모르는 친구들만 모아서 사업을 시작했습니다. 이후에도 마찬가지였지요. 일은 잘 몰라도 눈치가 빠르고 융통성이 좋은 친구들을 뽑았습니다. 적극성이 흘러넘치는 친구들은 다른 사람에게 칭찬이나 좋은 소리를 들어본 경험이 적기 때문에, 고객이나 저에게 칭찬받는 것을 무엇보다도 기뻐합니다. 그런 친구들 덕분에 우리 사업이 성공할 수 있었습니다. 그래서 저는 이 친구들이 다마고야에서 즐겁게 일해 집도 장만하고, 결혼해서 아이도 낳고 화목하게 살아가도록 최선을 다하고 있습니다."

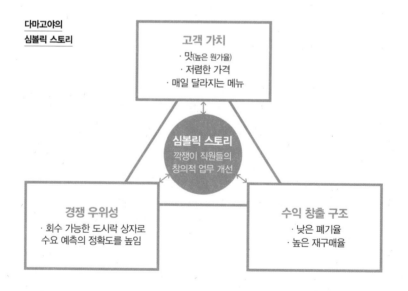

다마고야의 심볼릭 스토리

고객 가치
· 맛(높은 원가율)
· 저렴한 가격
· 매일 달라지는 메뉴

심볼릭 스토리
깍쟁이 직원들의 창의적 업무 개선

경쟁 우위성
· 회수 가능한 도시락 상자로 수요 예측의 정확도를 높임

수익 창출 구조
· 낮은 폐기율
· 높은 재구매율

브랜드 고유의 스토리를 발견하는 법

다마고야의 남다른 조직력은 해외에서도 주목을 받았습니다. 《뉴욕타임스》는 '직원의 역량을 최대한 살려 큰 성공을 거둔 비즈니스 모델'로 다마고야를 신문 1면에 소개했습니다. 또 스탠포드대학교 MBA 학생들은 직접 도쿄까지 견학을 오기도 했습니다. '깍쟁이 직원'들이 창의적으로 구현해낸 업무 개선이 세계적으로 유명해지면서, 다마고야라는 브랜드와 전략 방침은 회사 밖으로도 널리 퍼졌습니다. 물론 그러한 과정을 통해 다마고야의 비즈니스 모델은 한층 더 견고해졌습니다.

'깍쟁이 직원'이라는 조직 자원과 브랜드의 전략 방침을 하나의 스토리로 엮어낸 다마고야는 이제 더 이상 경쟁사가 결코 흉내 낼 수 없는 독보적 위치의 기업이 되었습니다.

슈퍼호텔의
'부부 지배인'

슈퍼호텔スーパーホテル은 일본 전역에 112개, 해외에 2개의 지점(2016년 4월 기준)을 운영하는 비즈니스호텔입니다. 1박에 5000엔(약 5만 원) 정도로 저렴한 가격이면서도, 청결하고 쾌적한 객실, 무료 조식, 천연 온천수가 흐르는 공동 욕장을 갖추고 있습니다. 가격 내비 고객 만족노가 높기 때문에 출장을 다니는 샐러리맨들에게 인기가 좋습니다.

슈퍼호텔의 수익 창출 구조는 '높은 객실 투숙률'과 '낮은 운영비용'입니다. 일반적인 비즈니스호텔의 투숙률은 평균 60퍼센트 정도인데, 슈퍼호텔은 약 90퍼센트의 투숙률과 70퍼센트의 경이로운 재방문율을 달성하고 있습니다.

슈퍼호텔의 기본 콘셉트는 '쾌적함', '청결', '편안함'입니다. 특히 '편안한 잠자리'와 '쾌적한 잠자리'를 제공하기 위해 우수한 침구 용품을 준비하는 데 만전을 기합니다. 출장을 다니는 샐러리맨들 대부분은 밤 10시경에 체크인을 해 다음 날 아침 8시경에 체크아웃을 한 뒤 일하는 곳으로 향합니다. 호텔에서 보내는 시간은 불과 10시간 남짓이고, 그중 70~80퍼센트가 수면 시간입니다. 따라서 '잠을 편안하게 잘 수 있는지'가 비즈니스호텔의 고객 만족도를 크게 좌우합니다.

슈퍼호텔은 편안한 잠자리, 쾌적한 잠자리를 제공하기 위해 다음과 같은 노력을 기울이고 있습니다.

- 베개 높이를 조정 가능
- 싱글 룸에도 더블 사이즈 침대 비치
- 편안한 숙면을 위해 반발력이 적은 매트리스 준비
- 방음 설계를 통해 조용한 객실 컨디션 유지
- 인버터 방식의 저소음 냉장고 비치

- 프런트, 복도, 객실의 조명 밝기를 달리해 편안한 수면 유도

슈퍼호텔에서는 투숙객이 편안하게 잠자고 상쾌하게 깨어 기분 좋은 하루를 보낼 수 있도록 수면에 관한 연구도 함께 실시하고 있습니다. 오사카후리쓰대학大阪府立大学과 공동 설립한 '편안한 잠자리 연구소ぐっすり研究所'에서 수면을 과학적으로 연구해 그 성과를 호텔 운영에 반영하는 것입니다.

이렇게 충실한 하드웨어를 갖추면서도 낮은 가격으로 운영할 수 있었던 건 불필요한 비용을 철저히 줄인 '합리적 시스템' 덕분이었습니다.

예를 들어 슈퍼호텔의 객실 안에는 전화가 없습니다. 요즘 투숙객들은 모두 휴대전화를 갖고 있기 때문에 전화가 필요 없다는 생각에 서였습니다. 또 객실 안 냉장고도 텅 비어 있습니다. 호텔 가까이에는 대개 편의점이 있기 때문에 자신이 좋아하는 식품을 구입해올 것이라 판단했기 때문입니다.

아울러 숙박 요금은 모두 사전에 지불하게 해 체크아웃 시 요금 정산을 하지 않아도 됩니다. 그로 인해 프런트가 가장 혼잡한 아침 시간대에도 같은 규모의 비즈니스호텔이라면 여덟 명의 직원이 필요한데, 슈퍼호텔에서는 네 명으로 충분히 대응이 가능합니다. 객실 문은 열쇠가 아닌 패스워드를 이용해 열 수 있게 하여 투숙객으로부

터 열쇠를 받을 일도 없습니다.

　청소에 대한 수고도 줄이기 위해 침대는 다리 없이 그저 평상 위에 매트리스만 올려두는 방식으로 설치했습니다. 객실 청소 중 침대 밑을 청소하는 일이 가장 귀찮고 손이 많이 가기 때문입니다. 이런 과정을 줄이면서 청소 비용도 큰 폭으로 낮출 수 있었습니다. 객실 하나당 청소 시간을 단축하면, 그만큼 청소 업자에게 지불할 비용을 줄일 수 있기 때문입니다.

　천연 온천수가 흐르는 공동 욕장은 서비스 만족도를 높이는 동시에, 각 객실 안의 샤워실 이용을 크게 줄이기 때문에 수도비 절약으로도 이어졌습니다. 또 2박 이상 시 수건이나 시트 등을 교환하지 않거나 사용하지 않은 일회용 칫솔을 프런트에 돌려준 투숙객에게는 생수와 같은 선물을 주기도 했습니다.

　하지만 이런 서비스와 전략은 경쟁사들도 충분히 따라 할 수 있습니다. 다만 슈퍼호텔이 가진 최대 차별성은 '비즈니스호텔이 제공할 수 없을 만한 엄청난 배려와 친절로 높은 고객 만족도를 얻는다'는 점이었습니다.

　고객 만족도 조사 업체인 J.D.파워가 실시한 '2014년 일본 호텔 투숙객 만족도 조사'에서 슈퍼호텔은 1박에 9000엔(약 9만 원) 미만인 호텔 가운데 1위를 차지했습니다. 또 투숙객이 고객 상담실로 보내온 설문 조사 결과를 정리한 소책자 '고객의 목소리(Vol.10)'에는 다음과 같은 코멘트가 실려 있습니다.

'조식을 다 먹고 반납할 때 내가 오른팔에 깁스를 한 모습을 보고 직원이 나를 대신해 그릇을 반납해주었다. 작은 배려였지만 너무 고마웠다.'

'지배인의 인품을 닮은 덕분인지 프런트 직원 모두 서비스 마인드가 뛰어났다. 그들은 얼굴을 마주할 때마다 상냥한 표정으로 인사했다. 그래서 다시 한번 이 호텔을 찾고 싶어졌다.'

'호텔로 가는 길에 비바람이 너무 강해 옷이 모두 젖었다. 호텔에 들어갔을 때 프런트에 있는 직원이 수건으로 옷을 닦아주어 너무 감동했다.'

슈퍼호텔의 직원들이 항상 소지하고 다니는 소책자 '서비스 스탠더드The Service Standard'에는 '우리는 늘 고객에게 밝게 인사하고, 웃는 얼굴과 진심 어린 마음을 담아 서비스한다', '고객에게 두 번째 우리 집을 제공한다' 등의 문구가 쓰여 있습니다. 또 슈퍼호텔의 창업자인 야마모토 료스케山本梁介 회장은 "고객과 대화를 하며 서로 마음이 통하는 일이야말로 고객과의 관계를 구축하는 데 가장 중요한 포인트다"라고 말하며 프런트 직원들에게 적극적인 서비스 마인드를 강조합니다. 이러한 배려와 친절이 1박에 5000엔 정도의 요금으로도 경쟁사를 훨씬 웃도는 재방문율과 높은 수익 창출을 가능하게 만드는 요인입니다.

사실 호텔의 배려와 친절도 향상은 '지배인의 대응력'에 달려 있습니다. 하지만 여기에는 한 가지 진실이 숨어 있습니다. 바로 슈퍼 호텔의 지배인들은 호텔의 정식 사원이 아니며, 각각 슈퍼호텔과 업무 위탁 계약을 체결한 개인 사업자라는 점입니다.

슈퍼호텔의 지배인들은 월급쟁이 생활에서 벗어나 자기 가게나 펜션을 차리고 싶은 부부입니다. 이들은 4~6년 정도 슈퍼호텔 운영을 경험하며 호텔 내부에 있는 1LDK(침실, 거실, 주방이 하나씩 있는 공간)에서 생활합니다. 고정 수입은 두 명당 첫 해에 950만 엔(약 9500만 원), 두 번째 해에는 1000만 엔(약 1억 원), 세 번째 해에는 1050만 엔(약 1억 500만 원)을 받습니다. 몇 년간 호텔에서 일하며 창업 자금을 모으고 싶은 부부들에게 3년간 총 3000만 엔(약 3억 원) 정도라는 수입은 결코 나쁘지 않은 조건입니다.

장차 요식업이나 서비스업을 창업하고 싶은 사람들에게 관련 직무를 직접 경험하며 배울 수 있다는 건 큰 기회일 것입니다. 그렇기 때문에 조금 빡빡한 근무 조건도 충분히 견뎌내고 있습니다.

아침 5시부터 조식을 준비해 밤 12시까지 일한다는 건, 사실 자기 사업을 하는 사람들에겐 결코 특별한 일이 아닙니다. 그런 점까지도 충분히 각오한 채로 슈퍼호텔의 지배인을 맡았기 때문에 일반적인 직장인들과는 의지 자체가 다른 것입니다.

그들은 단지 돈을 벌기 위해 일하는 게 아니라 자신의 꿈을 실현하기 위해 일을 하고 있습니다. 꿈이 있기 때문에 자발적으로 더 좋은 경험을 해보고자 최선의 노력을 다하는 것입니다.

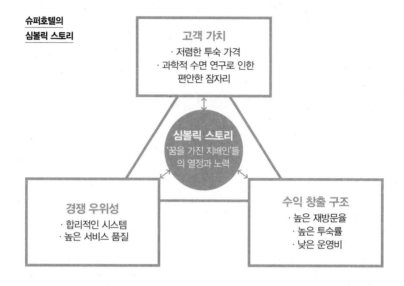

슈퍼호텔의
심볼릭 스토리

고객 가치
· 저렴한 투숙 가격
· 과학적 수면 연구로 인한
  편안한 잠자리

심볼릭 스토리
'꿈을 가진 지배인'들
의 열정과 노력

경쟁 우위성
· 합리적인 시스템
· 높은 서비스 품질

수익 창출 구조
· 높은 재방문율
· 높은 투숙률
· 낮은 운영비

단순히 이념이나 구호만으로 친절과 배려를 강조하는 기업은 많습니다. 그에 반해 슈퍼호텔은 객실 내 전화기나 냉장고 속 음료 등 고객에게 부가 가치를 주지 못하는 요소는 과감히 삭제하고, 호텔 근무 경험이 전혀 없는 지배인도 충분히 운영할 수 있는 시스템을 만들었습니다.

여기에 '자신의 꿈을 이루기 위해 노력하는 부부 지배인'이라는 심볼릭 스토리를 조합시켜, 퇴직 후에 서비스업으로 창업을 꿈꾸는 사람들과 슈퍼호텔 근무를 꿈꾸는 예비 지배인들을 매료시키고, 저비용의 비즈니스 모델을 전개하여 핵심 타깃인 샐러리맨 고객들을 만족시킬 수 있었습니다.

'먼 친척보다 가까운'
야마구치

'조직 자원'을 활용한 심볼릭 스토리를 널리 알린 사례 중
마지막은 경영 위기에서 멋지게 부활한 기업입니다. 앞서 소개한 도
쿄 마치다시에 있는 중소 전자제품 판매점 '덴카노야마구치'입니다.

이 기업은 1965년에 파나소닉 계열의 가전 제품을 판매하는 전
문점으로 문을 열었습니다. 하지만 1990년대 후반에 요도바시카메
라ョドバシカメラ, 빅카메라 등의 대형 판매점이 잇따라 생기면서 존망
의 기로에 서게 되었습니다. 당시 일본은 거품 경제 이후 소비가 부
진해진 시기로, 사람들은 조금씩이라도 낭비를 줄이려 했습니다. 자
연히 가전제품도 가급적 저렴하게 사고 싶다는 의식이 매우 높아졌
습니다.

더군다나 덴카노야마구치 주위에는 '가전제품 판매점의 포위망'
이라 할 만큼 대형 판매점들이 빼곡히 들어선 상태였습니다. 매장의
크기를 늘려도 보고, 제품도 더 비치하고, 가격도 내려봤지만 덴카
노야마구치가 결코 가질 수 없는 경영 자원을 무기로 대형 판매점들
은 순식간에 시장을 집어삼켰습니다.

정면 대결로는 절대 이길 수 없는 상대에 대항하기 위해 덴카노야
마구치는 경쟁의 무대에서 조금 벗어나기로 했습니다. 구체적으로
는 '고객층'과 '제공하는 가치'를 대형 판매점과 다르게 설정한 것이

었습니다.

　우선 이들은 타깃 고객층을 고령자로 맞췄습니다. 가전제품 사용에 능하지 못한 고령자들은 스스로 판단해 상품을 구입할 지식이 부족했습니다. 또 구입한 제품의 사용법을 설명서만으로 이해하기 힘들어했습니다.

　바로 그 지점에서 덴카노야마구치는 그들의 채워지지 않는 '니즈'를 충족시켜주기로 했습니다. 그래서 자사의 영업자들을 철저하게 교육시키고 서비스하게 하는 전략을 세웠습니다. 물론 그렇다고 해도 고객 서비스에 쏟을 수 있는 인원은 한정적이었습니다. 이때 덴카노야마구치는 당시 3만 건에 달하던 고객 데이터 중 1만 3000건

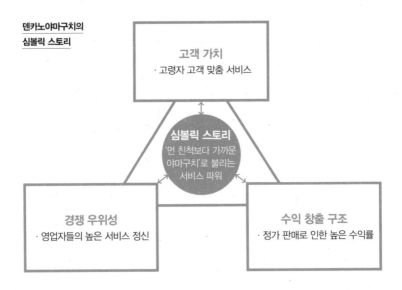

덴카노야마구치의
심볼릭 스토리

고객 가치
· 고령자 고객 맞춤 서비스

심볼릭 스토리
'먼 친척보다 가까운
야마구치'로 불리는
서비스 파워

경쟁 우위성
· 영업자들의 높은 서비스 정신

수익 창출 구조
· 정가 판매로 인한 높은 수익률

브랜드 고유의 스토리를 발견하는 법

의 우량 고객으로 타깃의 폭을 좁혀, 훌륭한 서비스를 집중 제공하기로 했습니다.

실제로 덴카노야마구치의 직원들은 이런 일을 합니다. 영업자가 차로 지역을 다니던 중 안면이 있는 고객을 발견했다고 합니다. 반가운 마음에 고객에게 인사를 건네자 "지금 병원에 가려고 합니다"라는 대답이 돌아왔습니다. 이에 영업자는 "가는 곳이 병원과 가까우니 태워다 드리겠습니다"라고 말하며 고객을 병원까지 모셔다주었다고 합니다.

또 다른 영업자는 매주 금요일만 되면 친한 고객의 집을 방문합니다. 그 고객은 혼자 사는 나이 많은 여성으로, 한국 드라마를 무척 좋아했습니다. 하지만 최근에 구입한 녹화 기계의 사용법이 다소 복잡해, 금요일마다 가서 녹화를 도와준다고 합니다.

이러한 이야기들이 브랜드의 전략과 합치되지 않는다면 '그저 듣기 좋은 이야기' 정도로 남을지 모릅니다. 하지만 덴카노야마구치의 영업자들은 단골 고객의 니즈를 파악해, 이를 비즈니스 기회로 연결시켰습니다. 경쟁사가 끼어들 수 없는 고객 접점을 만들며 '이런 제품을 원한다'는 정보를 캐치하거나, '이런 상품이 있다'고 거꾸로 제안할 기회를 독점하는 것입니다.

그 결과 덴카노야마구치는 할인 전략 없이, 거의 정가로 제품을 판매할 수 있었습니다. 경쟁 판매점에 비해 두 배 이상 가격 차이가 나는 제품이 있을 정도이지만, 그럼에도 나이가 많은 고객들은 꼭 이곳에서 제품을 구입합니다. 판매되는 제품의 종류가 적어도 높은 이익률로 그 부족분을 충분히 상쇄했습니다. 바로 이것이 덴카노야마구치의 수익 창출 구조입니다.

더불어 모든 직원의 명함에는 '항상 덴카노야마구치는 여러분에게 날아갑니다'라는 운영 방침이 적혀 있습니다. 이로 인해 언젠가부터 고객들 사이에서 '먼 친척보다 가까운 야마구치'라고 불리게 되었습니다. 이곳의 직원들은 고객에게 곤란한 일이 발생하면 1분이라도 빨리 달려가 문제 해결을 적극적으로 돕습니다. '고객이 여행을 간 동안 우편물을 대신 맡아주었다', '지붕 처마를 청소해주었다', '묘목의 말라죽은 가지를 잘라주었다', '현관문을 수리해주었다'는 등 덴카노야마구치의 심볼릭 스토리에는 수많은 에피소드가 추가되었습니다.

이 이야기를 바탕으로 덴카노야마구치는 판매하는 제품의 종류도 바꿔나갔습니다. 지금은 가전제품뿐만 아니라 쌀과 기름, 신발속에 넣는 깔창까지 판매하고 있습니다. '먼 친척보다 가까운 야마구치'라는 심볼릭 스토리를 기반으로 하는 비즈니스 모델에서는 굳이 파는 제품을 가전제품으로 한정 지을 필요가 없었기 때문입니다.

고객의 폭을 좁히고 서비스의 질을 향상시킨다, 이로써 팬이 생기고 그 관계는 한층 더 깊어진다, 이렇게 '조직 자원'을 활용한 심볼릭 스토리가 널리 퍼지면 직원들은 상품을 파는 일 외에도 '무엇을 해야 고객이 기뻐할까?'를 항상 생각하게 됩니다. '고객에게 철저히 봉

사한다'는 이야기는 어느새 한 사람의 행동을 넘어 조직의 습관으로 굳어지며, 비즈니스 모델을 더욱 강화하는 계기가 될 것입니다.

조직의 습관을 만드는
스토리의 힘

다마고야의 창의적인 업무 개선 문화, 슈퍼호텔의 우수한 고객 대응력, 덴카노야마구치의 뛰어난 서비스 마인드처럼 '조직의 습관'으로 뿌리내린 능력이 이야기가 되어 직원들에게 전파되는 것

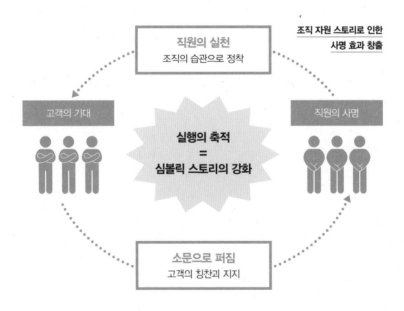

을 '사명 효과'라고 부릅니다.

일하는 직원의 사명이 고객의 기대와 부합하고, 그것이 직원의 일을 통해 실행되면 고객은 분명히 감동하고 지지해줄 것입니다. 결과적으로 이러한 효과는 고객에게 받는 신뢰뿐만 아니라 그곳에서 일하는 사람들, 입사를 희망하는 사람들에게 하나의 전설로 공유되고, 새로운 에피소드를 만드는 선순환을 낳습니다.

이것이 그대로 수익 창출로까지 이어지는 시스템을 만들면, 경쟁사들이 절대 흉내 낼 수 없는 강력한 경쟁 우위성까지 점할 수 있습니다.

스토리를 발굴하기 위한
두 가지 관점

지금껏 이번 장에서는 세 가지 유형의 심볼릭 스토리와, 그것이 비즈니스 모델에 가져다주는 효과에 대해 설명했습니다. 다시 한 번 그 효과를 복습해보겠습니다.

먼저 창업자나 전설적인 기술자, 인지도 높은 고객 등의 이야기에서 비롯되는 '인적 자원 심볼릭 스토리'는 고객이 자신의 구매 결정이 옳았다는 안도감을 느끼게 합니다. 즉 '인지 부조화를 해소하는 효과'를 발휘합니다. '이 브랜드 제품을 구입해서 다행이야', '이 브랜드 제품이라면 품질은 걱정 없겠어'라는 식의 신뢰를 얻게 되면 그 기업은 영속할 수 있습니다.

두 번째로 세상을 바꾸는 혁신적인 제품이나 뛰어난 기술력을 자랑하는 제품 등의 이야기에서 비롯되는 '물적 자원 심볼릭 스토리'

는 그 제품(서비스)이 하나의 커다란 상징이 되어 다른 제품들의 판매에까지 긍정적인 영향을 미치는 '후광 효과'를 불러일으킵니다. 역시 마찬가지로 브랜드에 대한 고객의 신뢰를 높이는 데 기여합니다.

지속적으로 개선을 촉진해나가는 조직 문화, 획기적인 조직 운영 시스템과 같은 이야기에서 비롯된 '조직 자원 심볼릭 스토리'는 조직 구성원들에게 '사명 효과'를 발휘합니다. 이야기가 조직의 습관으로 정착되어 이것이 사내의 행동 원리가 되었을 때, 고객에게 얻는 신뢰가 강해짐은 물론, 그 기업에서 일하고 싶어 하는 예비 직원들에게도 확실하게 전파되어 브랜드의 이미지를 높일 수 있습니다.

이와 같은 세 가지 유형을 '스토리 발굴'이라는 관점에서 활용하기 위한 방법으로는 크게 두 가지가 있습니다.

하나는 '인적 자원', '물적 자원', '조직 자원'이라는 세 가지 영역을 검토해보고, 그 속에 있는 자원에서 우리 브랜드만의 심볼릭 스토리를 찾는 접근법입니다.

또 하나는 '우리 브랜드가 직면한 과제에서 생각해내는 방법'입니다. 만약 우리 브랜드에 '인지 부조화 해소 효과'가 필요하다면, 인적 자원에서 심볼릭 스토리를 찾아볼 수 있습니다. 또 새로운 고객을 확보해야 하거나 사업의 규모를 확장하기 위해서는 '후광 효과'로 이어지는 물적 자원 심볼릭 스토리를 발굴해내면 됩니다. 혹은 사내 의식을 향상시키고 조직의 응집력을 강화시키기 위해서는 '사명 효과'를 토대로 조직 자원에서 스토리를 찾을 수 있습니다.

초점에
집중한다

'심볼릭'이란 곧 '상징적임'을 의미합니다. 이러한 상징적인 이야기를 발굴해내기 위해서는 딱 하나의 초점에 집중해야 합니다.

커뮤니케이션 전략을 짜다 보면 '이거든 저거든 다 전하고 싶다'는 욕심이 생기기 마련입니다. 하지만 심볼릭 스토리를 추출할 때에는 '버린다'는 자세를 반드시 잊지 말아야 합니다. 전략 요소와 밀접하게 관련되어, 강점을 상징하고 비즈니스 모델을 두드러지게 할 수 있는 하나의 이야기만을 뽑아내는 것이 중요합니다.

이를테면 '긴키대학에는 의학대학도 있으니까 참치로 이야기 폭을 좁히는 것은 손해다'라고 생각하거나, '볼보는 안전성만큼이나 디자인도 우수하니까 디자인에 관한 이야기도 만들어야 한다'라고 생각한다면 초점이 흐려집니다. 이야기는 날카로운 심과 같아서, 초점이 좁혀져야만 사람들의 마음속 깊숙이 파고들 수 있습니다.

이번 장에서 소개한 세 가지 유형과 효과를 하나의 가이드라인으로 삼아, 브랜드가 가진 심볼릭 스토리를 발견해내기 바랍니다.

∨

우연한 기회까지도
사로잡아라

심볼릭 스토리는 기본적으로 회사 안에 있는 자원을 기반으로 하여 숨어 있는 이야기를 발굴해 만들어내야 합니다. 지금까지 이야기한 대로 사람을 소재로 한 이야기, 물건에 얽힌 이야기, 조직을 둘러싼 이야기 중에서 자사의 강점을 반영할 수 있는 이야기를 찾아 새로운 비즈니스 모델을 만들어낼 수 있는지 판단해야 합니다.

이에 반해 드물긴 하지만 회사 밖의 사람들이 심볼릭 스토리를 찾아 발견해주는 경우도 있습니다. 앞서 소개한 '타니타의 직원 식당' 이야기는 미디어 취재를 계기로 유명해졌습니다. 타니타는 여론에서 화제가 된 이야기의 힘을 민감히 받아들이고, '건강 기기 판매'에서 '건강 개선 솔루션'으로 비즈니스 모델을 전환시켰습니다.

이밖에도 유명한 사례는 많습니다. 초콜릿 브랜드인 '킷캣KitKat(일

본식 발음 '킷토캇토')의 수험 캠페인을 들 수 있습니다. 수험생에게 킷 캣 초콜릿을 주며 합격을 기원하는 문화는 일본 규슈 지방에서 시작되었습니다. '꼭 이긴다きっと勝つ(일본어로 '킷토카츠')'라는 말을 규슈 사투리로 '킷토카츠투きっと勝つう'라고 하는데, 킷캣과 발음이 비슷해 수험생을 중심으로 킷캣 초콜릿이 유행했습니다. 제조사인 네슬레 재팬이 그 이야기를 캐치해 2003년부터 수험생 응원 캠페인을 실시했고, 지금은 수험 시즌만 되면 킷캣이 필수 아이템이 되었습니다.

'지상의 별', 즉 심볼릭 스토리를 찾기 위해서는 회사 밖에서의 시선까지도 민감하게 받아들일 수 있는 수용력과 발견한 이야기를 기반으로 삼아 우리 브랜드의 전략을 바꿔나가는 유연성이 필요합니다. 고객이나 거래처 등의 이해관계자가 찾아주는 이야기는 '수용자의 발견'이라는 측면에서 강한 전파력을 갖고 있습니다.

고객의 시점이 가진 함정

이 이야기를 읽고 '그렇다면 우리도 고객에게 이야기를 물어보자!'라고 생각한 사람이 있을 것입니다. 이와 같은 전략은 당연히 필요합니다. 하지만 그렇다고 해서 회사 밖에서 이야기를 찾는 데 전력을 기울이는 것은 현명한 태도가 아닙니다. 조직 전체가 자신들 속에 숨어 있는 강점을 발견하려는 의지와 열정이 약해질 우려가 있기 때문입니다.

대부분의 기업에서는 '고객의 시점으로 보면' 혹은 '고객에게 물어보라'라는 말을 마치 상용구처럼 쓰고 있습니다. 사실 '고객의 시점'이란 마치 '고객은 왕'이라는 말처럼 절대적인 힘을 가진 개념입니다. 또 최근에는 고객 데이터의 활용 기술이 비약적으로 발전해, 데이터를 통해 고객의 목소리를 세밀히 모으는 방법도 진화하고 있습니다.

하지만 새롭게 비즈니스 모델을 바꾸려고 할 때 단순히 고객의 목소리에만 귀를 기울이다 보면 결코 우리 브랜드만의 강점을 발견할 수 없습니다. '고객의 목소리에 귀를 기울이자'는 슬로건은 '고객의 말만 들으면 된다' 혹은 '고객의 기대에 반드시 답해야 한다'는 획일적인 행동으로 굳어지는 경우가 많습니다. 자신들이 가진 자원이나 경쟁 환경을 배제하고 무시해버릴 수 있다는 뜻입니다.

흔히 이런 증상을 '환경에 대한 과잉 적응'이라고 부릅니다. 고객의 목소리나 기분을 지나치게 의식하는 기업일수록 환경에 대한 과잉 적응을 일으키기 쉽습니다. 경우에 따라서는 조직 전체의 사고가 정지될 위험성까지 있습니다.

고객은 중요합니다. 다만 본질적인 니즈를 다 보여준다고 할 순 없습니다. '자동차 왕'이라고 불린 헨리 포드Henry Ford는 이런 말을 남겼습니다.

"고객의 목소리를 들었다면, 아마도 차가 아니라 더 빠른 말을 조련했을 것이다."

만약 파타고니아의 창업자 이본 쉬나드가 '근무 시간 중에 직원들이 서핑을 즐기는 게 좋은지'에 대해 고객에게 의견을 물었다면 아마도 실행되기가 어려웠을 것입니다. 또 타니타가 'Best Weight Center'를 운영했을 때부터 스스로의 의지로 '건강 개선 서비스 비즈니스 모델'을 그리지 않았다면, 타니타의 직원 식당은 일시적인 홍보 소재로 끝나고 말았을 것입니다.

결국 고객에게 듣는 것만으로는 우리 브랜드만의 강점을 발견해내기가 어렵습니다.

우리 브랜드만의 이야기를 발견하는 것, 그리고 회사 밖에서 발견해낸 이야기를 수용하는 것, 이 두 가지 자세를 적절히 조합해 심볼릭 스토리를 발견해내는 힘은 '우리의 강점은 이것이다'라고 생각하는, 흔들림 없는 열의입니다. 바로 그 열의야말로 치열한 정보화 사회에서 경쟁하기 위한 가장 중요한 바탕이자 축이 될 것입니다.

6^장

조직을
강하게 만드는
스토리 경영

지금까지 심볼릭 스토리가 무엇이고 어떻게 선별해내는지, 그리고 치열한 브랜드 경쟁 상황에서 이를 어떻게 적용해 효과를 거둘 수 있는지, 다양한 사례와 프레임워크에 대해 소개했다. 마지막으로 6장에서는 심볼릭 스토리 전략을 효과적으로 실행하기 위해 회사의 경영진에게 요구되는 역할에 대해 생각해보겠다.

스토리는 곧
조직의 가치관이다

현장에서 컨설팅을 하다 보면 "막상 비즈니스 모델을 잘 수립해도 현장에까지 이해시키기가 어렵다"라는 말을 자주 듣습니다. 개별 조직이 큰 기업이나, 사업 부문이 다각화되어 있는 기업에서는 방대한 업무 현장에 기업의 전략 방침이나 강점을 효과적으로 침투시키기가 결코 쉽지 않은 과제일 것입니다.

더군다나 최근에는 비즈니스의 글로벌화가 매우 빠른 속도로 전개되고 있습니다. 이에 따라 해외에서 발탁된 인재가 늘어나고, 시간제 근무나 재택근무 등 업무 스타일도 다양해지면서 조직의 일체감을 유지하기가 점점 더 어려워졌습니다. 다양한 배경을 가진 임직원에게 하나의 방침을 공유하기가 예전만큼 쉽지 않다는 뜻입니다.

그렇기 때문에 기업은 더더욱 비즈니스 모델과 합치되는 자사의 강점을 '이야기'로 만들어 전해야 할 필요가 있습니다. 이야기 그 자체가 직원들의 지침이자 좋은 본보기가 되기 때문입니다.

노드스트롬 백화점의 벳시 샌더스 전 부사장은 '타이어 이야기'를 전하며 다음과 같이 말했습니다.

> "이야기가 계속 전해지면 그 이야기는 하나의 신화적 힘을 갖게 된다."

신화가 완성된다는 건 그 기업이 훌륭한 일을 했고 특별한 존재로 인정받았다는 것을 의미합니다. 이렇게 만들어진 신화는 고객은 물론 기업 내부 관계자들에게도 매우 강력한 인상을 남깁니다.

연구에 따르면, 이러한 형태로 기업의 이미지가 형성되면 기업은 독자적인 퍼스낼리티(개성)를 얻게 된다고 합니다. 이윽고 그 이미지는 하나의 신화적 영역에 도달함으로써 개인, 혹은 기업이 확실하게 성장하는 계기가 될 것입니다.

파타고니아의 창업자 이본 쉬나드는 '근무 시간 중에도 서핑을 허락하는 문화'가 조직에 어떤 긍정적인 효과를 초래했는지에 대해 다음과 같이 설명했습니다.

> "첫 번째로는 책임감, 두 번째는 효율성, 세 번째는 융통성, 네 번째는 협동 정신을 조직에 배양시킬 수 있었다. 그리고

마지막으로 가장 중요한 다섯 번째는 '진지하게 임하는 활동가'를 고용해 이들을 회사에 둘 수 있었다. 이는 우리가 아웃도어 제품을 개발하고 제조하며 판매하고 있기 때문이다. 우리의 직원이라면 아웃도어 스포츠에 관해서는 누구보다도 더 많은 경험과 지식을 갖춰야 한다. 이를 위해 우리는 더 많은 프로페셔널을 고용할 것이다."

다만 회사의 전략 방침이나 강점을 현장 구성원들에게 침투시키는 일을 '커뮤니케이션을 통해 직원들로 하여금 이념이나 자부심을 갖게 한다'는 뜻으로 오해하지는 말아야 합니다. 만약 지속적인 교육을 통해 이념이나 자부심이 생겼다고 해도, 그것만으로 현장이 돌아가지는 않기 때문입니다.

예를 들어 만년 꼴찌인 야구팀에 가서 프로로서 가져야 할 이념이나 자부심을 수없이 설명한다 해도, 정작 무엇을 어떻게 하는 게 좋을지 모른다면 선수들은 하나가 되어 싸울 수 없습니다. 동기 부여가 되는 몇몇 선수들이야 최선을 다하겠지만, 그렇다고 전체 구성원의 노력을 끌어올리기는 어렵다는 뜻입니다. 선수들이 상대팀과 싸우는 방식을 이해하고 확신하며 이를 적절히 실행하지 못한다면 경쟁력 강화로 귀결될 수 없습니다.

이야기는 분명 조직을 강하게 만드는 힘을 지니고 있습니다. 하지만 이를 위해서는 반드시 '전략의 방침과 합치된 이야기'를 기반으로 삼아 '현장에서 재현할 수 있는 구조'를 만들어야 합니다. 자사의 강점을 이야기를 통해 이해시키고, 그것을 현장에서 자발적으로 실천하게 만들지 못한다면, 조직 강화를 위한 구조 만들기는 무의미할 뿐입니다.

조직의 DNA를 변화시킬
3가지 포인트

그렇다면 조직 강화를 위한 구조를 만들기 위해 회사의 경영진은 어떤 역할을 해야 할까요? 여기서는 심볼릭 스토리를 조직 강화의 구조와 연결시키는 포인트로 '규칙 만들기', '롤모델 만들기', '재량권 부여'라는 세 가지 요소에 대해 다루겠습니다.

포인트1.
규칙 만들기

'규칙 만들기'는 이야기와 구조를 융합시키는 가장 심플한 방법입니다. 화학 제품과 자동차 부품, 문구류 등을 만드는 세계적

기업 3M은 '혁신'을 경영 방침으로 채택하고 있습니다. "3M은 본업이 없다"라는 말까지 들을 만큼 사업 영역이 넓고, 그때그때의 트렌드에 유연하게 대응하며 혁신적인 상품을 선보이는 회사입니다. 혁신적인 개발을 위해 3M은 '전체 매출 중 1년 안에 출시된 신상품은 10퍼센트, 4년 안에 출시된 상품은 30퍼센트로 구성한다'는 독자적인 지표까지 갖추고 있습니다.

3M의 강점을 전하는 이야기라고 하면 '포스트잇의 탄생 스토리'를 빼놓을 수 없습니다. 이는 강력한 접착제를 개발하려던 연구원이 '접착력이 약한 접착제'를 만들어낸 것이 계기가 되었습니다. 이후 우연히 이 제품에 관심을 보인 다른 연구원이 일상 속에서 그 획기적인 용도를 발견해냈습니다.

어느 일요일, 성가대 멤버였던 한 연구원은 교회에서 찬송가 책을 펼쳤고, 이때 특정 페이지에 끼워둔 책갈피가 떨어졌다고 합니다. 순간 그의 뇌리에 며칠 전 우연히 보았던 '접착력이 약한 접착제'가 스쳐 지나갔습니다.

'그 접착제를 이 책갈피에 붙이면 어떻게 될까?'

이런 생각을 바탕으로 시제품을 완성시킨 연구원은 이를 책갈피뿐만 아니라 자유롭게 뗐다 붙였다 하는 획기적인 메모 노트로 상품화시켰습니다. 말하자면 실패한 상품이 전 세계적으로 히트를 친 상품으로 빛을 발한 것입니다.

이 이야기가 상징하는 3M의 강점은 '마치 노는 것 같은 마음가짐으로 연구 개발에 임할 수 있는 자유로운 사내 환경'입니다. 연구원 한 사람이 내놓은 아이디어를 살려 다양한 실험을 해볼 수 있었기에, 혁신적인 상품을 내놓는 일이 가능했던 것입니다. 3M은 이런 사내 분위기를 만들기 위해 연구 개발 방식을 하나의 규칙으로 만들었습니다. 이는 '15퍼센트 규칙'으로 불리는데, 업무 시간 중 15퍼센트를 자신이 좋아하는 연구에 쓸 수 있다는 의미입니다.

또 상사의 명령을 거스르고 자신이 꼭 해보고 싶은 아이디어를 실행해볼 수 있도록 장려하고 있습니다. 거꾸로 상사에게는 부하의 도전을 막지 않도록 이를 회사의 규칙으로 못 박았습니다. "노는 것 같은 마음가짐으로 연구 개발에 임하라"라고 말하면서 실패를 용인하지 않는 문화를 가졌다면 혁신적인 상품이 나오지 못할 것입니다.

'무엇을 강점으로 삼을지 명확히 정하고, 그에 대한 업무 방식을 규칙으로 만든다. 실천을 통해 성공을 거둔 뒤 그 이야기를 공유시켜 실체화한다.' 언뜻 당연해 보이는 이런 일들을 철저히 실현하는 것이야말로 강력한 이야기를 사내에 정착시키는 중요한 열쇠가 됩니다.

포인트2.
롤모델 만들기

'롤모델', 즉 직원들로 하여금 본보기를 만드는 작업도 조직을 강화시키는 데 큰 효과가 있습니다.

파타고니아의 창업자 이본 쉬나드는 자신이 솔선수범해 서핑이나 클라이밍에 도전합니다. 애플의 창업자 스티브 잡스는 자신이 직접 혁신의 아이콘으로 나섰습니다. 이렇게 강력한 카리스마를 선보이는 경영자들이 기업의 강점을 그대로 실현해 직원들로 하여금 하나의 롤모델이 된 사례는 수도 없이 많습니다.

다만, 카리스마 있는 경영자만이 롤모델이 되라는 법은 없습니다. 오히려 서비스업처럼 현장의 직원들이 기업의 가치를 만들어내는 업종에서는 '현장에 있는 롤모델'이 조직을 강화시키는 데 훨씬 더 효과적입니다.

노드스트롬 백화점의 벳시 샌더스 전 부사장은 현장에서 수준 높은 서비스를 실천한 인물로 유명합니다. 그녀는 부사장 자리까지 승진했지만, 사실은 원래 아르바이트 종업원이었습니다. 당연히 그녀는 현장 직원들의 롤모델이 되었습니다. 더 나아가 '아르바이트 종업원이 부사장까지 승진했다'는 입지전적 이야기는 현장 직원들로 하여금 이야기의 가치를 믿고 실행할 수 있는 강력한 동기 부여가 되었습니다.

또한 한 명의 인물을 롤모델로 영웅화시킬 필요도 없습니다. 스타벅스Starbucks의 '바리스타 세계 선수권 대회'는 업무 현장에 수많은 롤모델을 만들어내는 대표적인 사례로 손꼽힙니다. 스타벅스의 매장 직원들은 일반적으로 녹색 앞치마를 착용하는데, 간혹 검은색 앞치마를 착용한 사람들도 눈에 띄곤 합니다. 이들은 어려운 시험을 통과한 톱 바리스타입니다. 바리스타 기술을 다투는 '앰버서더컵'이 정기적으로 열리고, 그 수상자들은 미국 시애틀 본사에서 연수를 받을 수 있는 기회도 주어집니다.

이미 수많은 회사에서 사원 표창 제도를 실시하고 있지만, 스타벅스는 '강점을 구체적으로 실현하는 롤모델을 항상 현장에서 찾는다'는 의도를 명확히 드러내고 있습니다. 이야기를 믿고 그것을 직접 실천해 성공을 거둔 인물이 주변에 있다면, 현장은 그 가치를 인정해 일상적인 업무 활동에도 적용하기 쉬워질 것입니다.

이야기는 그 존재만으로 결코 전해지지 않습니다. 그 때문에 이야기의 대상이 꼭 경영자가 아니어도 상관없으니, 대체 인물을 정해 심볼릭 스토리의 소재로 활용하는 편이 더 효과적일 수 있습니다.

포인트3.
재량권 부여

그리고 또 한 가지 잊어서는 안 되는 점이 있습니다. 현장 직원들에게 '재량권'을 부여하는 것입니다. 현장 직원들이 이야기를 이해하고 실천하려고 해도, 직접 무언가를 할 수 있는 권리가 없다면 실행이 불가능하기 때문입니다.

리츠칼튼Ritz-Carlton 호텔은 감동적인 서비스를 제공하는 호텔로 정평이 나 있습니다. 그에 관한 수많은 이야기는 이미 몇 권의 책으로도 나와 있을 정도입니다. '호텔 방에 두고 온 귀중한 서류를 찾아 직원이 항공편으로 보내주었다'는 등 고객의 기대치를 넘어선 서비스 에피소드는 그 수를 헤아릴 수 없을 정도입니다.

이렇듯 리츠칼튼 호텔의 직원들이 현장에서 대담한 판단을 내릴 수 있는 이유는 무엇일까요? 바로 '문제 발생 시 최대 20만 엔(약 200만 원)까지 개인의 재량에 따라 지출할 수 있다'는 규칙 때문입니다.

서비스는 현장에서 탄생합니다. 그리고 고객은 그 자리에서 바로 움직여 문제를 해결해주는 직원에게 큰 감동을 받습니다. "상사에게 물어보고 처리해드리겠습니다"라는 식으로 고객을 기다리게 해서는 결코 감동을 자아낼 수 없습니다.

이야기를 현장에 공유하고 자사의 강점을 극대화하기 위해서는, 이야기 자체를 내부에 침투시키려는 노력이 필수입니다. 그리고 이를 커뮤니케이션으로 분리해두거나 마케팅 혹은 홍보 등 특정 부서의 과제로만 한정 지어서는 안 됩니다.

이번 장에서 제시한 '규칙 만들기', '롤모델 만들기', '재량권 부여'라는 세 가지 요소들은 언뜻 당연하게 들릴 수도 있습니다. 하지만 이들 모두 경영상의 판단 없이는 제대로 실현할 수 없는 것입니다. 아무리 이야기를 만들어 전한다고 해도, 그것을 현장에서 실행할 수 있는 구조나 체계가 없다면 업무에 제대로 활용하기 어렵습니다. 업무에 활용되지 못한다면 이야기는 고객에게 전해지지 못한 채, 그저 새빨간 거짓말이나 허풍처럼 서서히 힘을 잃어가게 될 것입니다.

그러므로 이야기를 경영 자원으로 활용해 비즈니스 모델 자체를 강화시키기 위해서는 '현장이 그것을 실행할 수 있는 구조'를 회사 경영진이 주도적으로 만들어나가도록 노력해야 합니다.

점점 더 커지는
이야기의 중요성

지금까지 이 책은 '심볼릭 스토리 전략'의 기본에 대해 설명했습니다. 심볼릭 스토리 전략을 한마디로 정리하자면, '심볼릭 스토리를 경영 자원으로 활용하고 비즈니스 모델에 대입시켜 경쟁 우위를 얻는 방식' 정도로 표현할 수 있습니다.

앞으로 점차 개인의 미디어화는 강해질 것이고, 홍보나 마케팅을 위한 커뮤니케이션 수단은 한층 더 다양해질 것입니다. 그렇기 때문에 각 기업들은 자사 브랜드의 강점을 명확히 하여 이를 이야기로 발신하고 공유하려고 노력해야 합니다. 또 이를 활용한 경쟁 방식도 점점 더 진화할 것입니다.

결론적으로 이 책이 보여주는 건 세상에 없던 이야기를 완전히 새롭게 만드는 방법이 아닙니다. 우리가 확신할 수 있는 건 '경영 자원이 될 수 있는 이야기는 모두 그 기업 안에 있다'는 사실입니다. 그리고 이야기를 사용하는 능력 또한 모두 그 기업과 조직 구성원들에게 달려 있다고 믿습니다.

이 책의 맨 앞에서 우리는 이렇게 이야기했습니다.

'달라진 건 사물(사안)이 아니라, 그것을 바라보는 관점이다.'

그러한 관점의 변화만으로도 익숙한 것이 '차별화되었다'라는 가치를 갖게 합니다. 바로 그것이 심볼릭 스토리가 가진 힘입니다.

아무쪼록 이 책이 보여준 관점이나 생각이 여러분, 더 나아가 여러분이 속한 브랜드의 관점을 바꿔 새로운 경쟁력을 만들어낼 수 있길 진심으로 기원합니다.

경쟁을 뛰어넘어
다름의 길로

"네 이야기는 맞는 말이긴 한데, 뭔가 재미있진 않아."

앞서 감수자 서문에서 우치다 교수님이 말씀하신 것처럼, 우리가 일하고 있는 브랜드 커뮤니케이션 및 광고 업계에서는 이러한 말이 아침 인사만큼이나 자주 들려옵니다.

어쩌면 조금은 냉정하게 들릴 수도 있겠지만, 그저 옳기만 한 이야기로는 냉혹한 경쟁 상황에서 이겨 최고의 브랜드가 되지 못하기에, 상황을 변화시키기로 마음먹은 브랜드는 지금껏 해온 방향과 조금은 다르게 생각해야 한다는 '진실'을 들이밀고 있는 말이라고 할 수 있습니다.

그렇다면 과연 기업에 있어 '올바른 것'이란 무엇일까요? 우리는 이를 '전략이 제대로 기능해 지속적으로 이익을 내는 것'이라고 생각합니다.

이를 위해 경영자는 다양한 대책과 노력을 기울여야 합니다. 자기자본이익률ROE, 기업의 지배 구조, 성과주의, 다양성 관리, 자산 관리, 빅데이터에 의한 고객 행동 분석, 사물 인터넷IoT을 활용한 제조와 조달, 사회 공헌, 공유 가치 창출까지 실로 많은 부분을 신경 써야 합니다. 그리고 기업이 이러한 노력을 기울이는 바탕에는 '모두가 열심히 하는 일이기 때문에 올바르다'는 사고방식이 깔려 있습니다. 그러니 기업들이 경쟁사가 실시하는 '올바른 행동'을 똑같이 실행하는 건 지극히 당연한 일일지도 모릅니다.

우리는 경쟁사와 비교해 더 나은 조건을 가졌는지와는 별개로, 수많은 팬을 매료시키고, 비즈니스 모델을 바꾸어 1등으로 올라선 기업들의 사례를 살펴보았습니다. 이들은 관련 시장 자체가 성장한 것도, 엄청나게 강력한 경영 자원을 보유한 것도 아니었습니다. 그런데 어떻게 상황을 역전하고, 새로운 시장으로 진출하여, 브랜드가 영속할 수 있는 일이 가능했을까요?

우리는 그러한 기업들이 공통적으로 '어떤 종류의 이야기'를 가지고 있는 게 아닐까 하는 생각을 했습니다. '재미있다'고 느낄 만한 이야기를 잘 활용해 독자적인 비즈니스 전략을 구축한 게 아니었을까? 이 책은 그러한 심볼릭 스토리, 즉 '기업의 강점을 상징하는 이야기'에 주목했습니다.

이런 우리의 생각을 존경하는 와세다대학교 비즈니스스쿨의 우치다 교수님께 털어놓은 것이 이 책의 출발점입니다. 그리고 교수님께서는 흔쾌히 감수도 맡아주셨습니다.

사실 저자인 우리 두 사람의 인연은 와세다대학교 비즈니스스쿨에 재학했을 당시로 거슬러 올라갑니다. 당시 우치다 교수님의 소개로 처음 만나게 되었고, 함께 공부하는 학생의 관계로 다양한 테마를 논의해볼 수 있었으며, 여러 가지 지도까지 받을 수 있었습니다. 우리에게는 정말로 행복하고 보람된 시간이었습니다.

이 책은 많은 분의 지도와 관심으로 빛을 볼 수 있었습니다. 이 자리를 빌어 다시 한번 감사의 말을 전하고 싶습니다.

우선 기업 사례를 서술할 때 부득이하게 실명을 밝히진 못했지만, 여러 관계자분에게 큰 도움을 받았습니다. 그리고 와세다대학교 비즈니스스쿨의 여러 교수님과 그 저작물에서 받은 가르침이 이 책의 중요한 토대가 되었습니다. 그곳에서 함께 연구에 매진했던 동기들에게도 다양한 충고를 받았습니다. 비즈니스 현장에서 맹활약하고 있는 동기들에게 구체적인 조언을 받았고, 이것이 이 책의 실용성과 현장감을 한 단계 더 끌어올려 주었다고 생각합니다.

끝으로 이 책의 집필 과정에 충고와 격려를 아끼지 않은 우리 가족들에게도 진심으로 감사의 인사를 전합니다.

이와이 타쿠마, 마키구치 쇼지

옮긴이 이수형

미국 롱아일랜드대 MBA 과정을 졸업하고 일본 문부과학성의 리서치 펠로십을 수료했다. 뉴욕 한국 일보에 기명칼럼 「뉴욕의 문화-예술 명소를 찾아서」를 장기 연재했으며, 파나소닉 한국 법인에서 홍보-CSR, 기업철학 교육, 올림픽 마케팅 업무 등을 담당했다. 현재는 다양한 분야의 저작물을 발표해온 콘텐츠비즈니스연구회(Con-Biz)의 편집장 겸 출판 기획가(전문 번역가)로 활동하고 있다.

주요 저서로는 『셀러브리티의 시대』, 『뉴욕의 특별한 미술관』(공저) 등이 있으며, 주요 역서로는 『엘론 머스크, 대담한 도전』, 『구글의 철학』, 『드러커의 마케팅 인사이트』, 『사업은 사람이 전부다』, 『구글은 왜 자동차를 만드는가』, 『소문의 시대』, 『10초 만에 이기는 보고서』, 『라쿠텐 스타일』 등이 있다.

최고의 브랜드는 어떻게 성장하는가

초판 1쇄 인쇄 2018년 12월 6일
초판 1쇄 발행 2018년 12월 12일

지은이 이와이 타쿠마, 마키구치 쇼지
옮긴이 이수형
펴낸이 김선식

경영총괄 김은영
책임편집 한다혜 **디자인** 이주연 **책임마케터** 최혜령
콘텐츠개발1팀장 임보윤 **콘텐츠개발1팀** 이주연, 한다혜, 성기병
마케팅본부 이주화, 정명찬, 최혜령, 이고은, 양서연, 이유진, 허윤선, 김은지, 박태준, 배시영, 기명리
저작권팀 최하나, 추숙영
경영관리본부 허대우, 임해랑, 윤이경, 김민아, 권송이, 김재경, 최완규, 손영은, 김지영

펴낸곳 다산북스 **출판등록** 2005년 12월 23일 제313-2005-00277호
주소 경기도 파주시 회동길 357 3층
전화 02-702-1724 **팩스** 02-703-2219 **이메일** dasanbooks@dasanbooks.com
홈페이지 www.dasanbooks.com **블로그** blog.naver.com/dasan_books
종이 ㈜한솔피앤에스 **출력·인쇄** ㈜갑우문화사

ⓒ 2018, 이와이 타쿠마, 마키구치 쇼지

ISBN 979-11-306-1999-6 (03320)

다산북스(DASANBOOKS)는 독자 여러분의 책에 관한 아이디어와 원고 투고를 기쁜 마음으로 기다리고 있습니다.
책 출간을 원하는 아이디어가 있으신 분은 이메일 dasanbooks@dasanbooks.com 또는
다산북스 홈페이지 '투고원고'란으로 간단한 개요와 취지, 연락처 등을 보내주세요. 머뭇거리지 말고 문을 두드리세요.